ZEUS

Dados Internacionais de Catalogação na Publicação (CIP)
(Câmara Brasileira do Livro, SP, Brasil)

Barcellos, Gustavo
  Zeus : fabulação do mundo e paternidade arquetípica / Gustavo Barcellos. – Petrópolis, RJ : Vozes, 2022.

  Bibliografia.
  ISBN 978-65-5713-678-2

  1. Arquétipo (Psicologia) 2. Deuses gregos – Psicologia
3. Mitologia – Aspectos psicológicos I. Título.

22-113081   CDD-150.1954

Índices para catálogo sistemático:
1. Arquétipo : Zeus : Psicologia   150.1954

Cibele Maria Dias – Bibliotecária – CRB-8/9427

GUSTAVO BARCELLOS

ZEUS

FABULAÇÃO DO MUNDO E
PATERNIDADE ARQUETÍPICA

Petrópolis

© 2022, Editora Vozes Ltda.
Rua Frei Luís, 100
25689-900 Petrópolis, RJ
www.vozes.com.br
Brasil

Todos os direitos reservados. Nenhuma parte desta obra poderá ser reproduzida ou transmitida por qualquer forma e/ou quaisquer meios (eletrônico ou mecânico, incluindo fotocópia e gravação) ou arquivada em qualquer sistema ou banco de dados sem permissão escrita da editora.

CONSELHO EDITORIAL

Diretor
Gilberto Gonçalves Garcia

Editores
Aline dos Santos Carneiro
Edrian Josué Pasini
Marilac Loraine Oleniki
Welder Lancieri Marchini

Conselheiros
Francisco Morás
Ludovico Garmus
Teobaldo Heidemann
Volney J. Berkenbrock

Secretário executivo
Leonardo A.R.T. dos Santos

Editoração: Maria da Conceição B. de Sousa
Diagramação: Daniela Alessandra Eid
Revisão gráfica: Bárbara Kreischer
Capa: Érico Lebedenco
Ilustração de capa: Gustavo Barcellos

ISBN 978-65-5713-678-2

Este livro foi composto e impresso pela Editora Vozes Ltda.

De todas (as coisas) o raio fulgurante dirige o curso.

Heráclito, Fragmento 64.

Para o *daimon*.

SUMÁRIO

Apresentação, 9

Nota introdutória, 17

Introdução, 21

    1 Pensamento mítico, pensamento arquetípico, 21

    2 Mito, 44

    3 Re-imaginar os deuses, 53

1 Zeus e Hera, 59

    1 Zeus ajunta-nuvens, 59

    2 Hera, rainha do mundo, 92

    3 O casamento, 107

    4 A casa, 127

2 Zeus e Atena, 131

    1 Zeus, deus atmosférico, 131

    2 O olho de Zeus e o olho de Atena, 133

    3 Métis e o nascimento de Atena, 142

    4 Atena de olhos glaucos, 172

    5 Virgindade, 175

    6 A psicologia da relação pai e filha, 177

7 Os mitologemas das relações de ipseidade e alteridade, 184

8 A psicologia das defesas, 187

9 Ananke de horrendo semblante, 199

Referências, 213

Apresentação

Zeus, cuja etimologia mais comum, diz significar antes de tudo 'o deus luminoso do céu' carrega inúmeros outros nomes. Embora este seja em si portentoso, está longe de ser o único. Zeus é um deus de muitos epítetos e de filhos igualmente numerosos. Zeus Pai, Rei, Lançador de Raios, Ajunta-Nuvens, Filho de Cronos, e muitos outros títulos que mostram a complexidade de sua natureza. Pai de heróis como Hércules e Perseu, do trágico Tântalo e do entusiasmado Dioníso.

A multiplicidade de seus nomes e de seus filhos aponta para a profundidade de sua imagem. Estes são como metáforas. Em cada um deles uma face do deus se mostra, abrindo espaço para que uma nova relação, um novo envolvimento aconteça. Os muitos nomes de Zeus revelam, a partir do olhar da Psicologia Arquetípica, que aqui servirá de guia, os inúmeros caminhos da alma e as possíveis relações através das quais esta se revela.

Ora, através dessas muitas relações é que Gustavo Barcellos abordará como as narrativas míticas se envolvem com a Alma e com a existência humana, pois se os deuses e suas histórias míticas refletem a existência, olhar para essas histórias termina sendo uma maneira de olhar para nós mesmos.

No entanto, o deslindar desse entrelaçamento deixaremos para as páginas seguintes. Antes disso, vale a pena nos determos na própria tarefa proposta corajosamente pelo autor: falar dos deuses.

A tarefa de abordar a história dos deuses e seus dramas, principalmente quando se trata do maior dos deuses gregos, Zeus, é sempre tarefa a se tomar com certa cautela. Tarefa que intimida tanto quanto fascina, pois partilha daquela qualidade que Rudolph Otto já havia identificado no sagrado, de ser ao mesmo tempo um *misteryum fascinans et tremendum*. Um mistério fascinante e aterrador.

Isso, porém, não deve ser uma intimidação forte o suficiente para nos fazer declinar de tal intento. Afinal de contas, por que se dedicar a escrever sobre tema tão imperioso se não for para que nossa escrita possa portar a égide de um risco toureador, de uma ousadia sanguínea, imponente, destemida, tal qual o próprio Zeus a destronar Cronos e impor uma nova ordem no Olimpo?

Para fazer justiça ao tema, devemos traduzir para a letra aquilo que ele carrega em essência. Desta forma, um estilo se impõe; a imagem impõe o estilo. Ao abordar o sagrado nossa escrita deve carregar o peso tanto daquilo que fascina quanto daquilo que assusta.

Talvez não seja à toa que a obra não se abra falando diretamente de Zeus. Ao abordar o sagrado, cuidados devem ser tomados. Alguns ritos devem ser obedecidos. Na escrita do autor isso se apresenta em duas advertências.

A primeira diz respeito à forma com a qual as histórias serão tratadas. É certo que se busca aqui um olhar psicológico, pautado pela psicologia arquetípica de James Hillman, olhar através do qual o autor busca lançar luz sobre o senhor do Olimpo. Contudo, embora partamos de um olhar psicológico, não será feita aqui uma análise de Zeus.

O intento não é buscar por explicações conceituais, mas demonstrar por meio da narrativa mítica o entrelaçamento das histórias, as relações mantidas entre o mito de Zeus e os outros deuses e humanos. Neste entrelaçamento das histórias, nas suas múltiplas possibilidades, a Alma se mostra em toda a sua pujança. E nada demonstra mais a riqueza do mito de Zeus do que seus inúmeros filhos e seus inúmeros epítetos; em cada um deles uma nova relação e uma nova complexidade se revela. Por isso o autor nos adverte, logo no início, que não fará uma história da mitologia, mas uma psicologia da mitologia. Aquele que adentra as páginas em busca de uma leitura conceitual e explicativa sobre o mito não se encontrará à vontade. Não será esse o caminho trilhado.

Jung, em *Símbolos da transformação*, célebre livro que marcará sua separação de Freud, aponta que a psique é marcada por duas formas de pensamento. A primeira caracterizaria a consciência, trazendo em si um traço racional e uma expressão em forma de palavras. A outra caracterizaria o inconsciente, sendo marcada por um traço simbólico e uma expressão em forma de imagem.

É de bom augúrio resgatar essa descrição para lembrarmos que a teoria psicológica e seus conceitos demarca uma narrativa científica, racional e egoica sobre a Alma. A narrativa da ciência com seus conceitos é uma narrativa do ego sobre a Alma. No entanto, não é esse o convite que Gustavo Barcellos nos faz aqui. Aquilo que nos é apresentado é o mito, a narrativa mítica, uma narrativa que prima pelo simbólico, pelo imaginal, pelas imagens. Nas narrativas míticas nós temos a alma falando sobre si mesma, em seus próprios termos, em suas próprias palavras, ou melhor dizendo, em suas próprias imagens.

É claro que precisamos de nossas teorias e são estas de imenso valor, mas enquanto conceitos buscam explicar, histórias são carregadas de metáforas, e metáforas são imagens que abrem outras imagens. O conceito teórico atinge seu objetivo quando define e esclarece um fenômeno, a metáfora quando torna tudo mais complexo e profundo.

E aqui encontramos nossa segunda advertência. Este não é um livro que busca unicamente contar histórias sobre mitologia, sobre como Zeus destronou os Titãs e os conduziu ao Tártaro; sobre seus inúmeros filhos ou mesmo sobre sua paternidade singular em relação a outra deusa, Atena. Tudo isso será, é certo, tratado. Mas o olhar sobre o qual o leitor será convidado a se debruçar será outro e isso fará toda a diferença. Por meio da Psicologia Arquetípica, de James Hillman, será apresentada, como afirmado anteriormente, uma psicologia da mitologia, uma psicologia da imagem mítica. Não uma psicologia explicativa, conceitual, mas, para fazer jus ao próprio nome, um discurso, psíquico, imaginal, sobre a mitologia, especificamente sobre Zeus e suas relações.

Nessa senda, o propósito será apresentar as histórias como formas de sensibilizar, de despertar a Alma. Despertar naquele que lê uma sensibilidade para a imagem. Pois é isso que Jung e Hillman nos lembram; as imagens e as histórias míticas são formas de reconhecermos os deuses em nós.

O autor nos convida, portanto, a um deslocamento. Em suas palavras, não busca explicar, mas complicar. Pois os mitos também são assim, complicam mais do que explicam. Seguindo seu estilo, trazendo para o texto o traço mítico da narrativa, devemos, portanto, mais complicar do que explicar, ou mesmo, diria eu, implicar, provocar. As histórias nos servem mais dessa forma, como provocação, como algo que nos desloca do lugar no qual nos colocamos, que desenvolve a nossa sensibilidade à custa de um certo sentimento de morte, morte de um lugar de estabilidade, morte de uma visão de mundo.

Todo livro deve vir, portanto, como estrangeiro, como algo que vem de fora, introduzindo uma estranheza. Vem como algo que rompe, como experiência do extremo, algo que nos provoca e nos obriga a sair do enrijecimento no qual nos encontramos. Por isso, um dos epítetos de Zeus é Xenios, protetor dos estrangeiros. Zeus então aparece com aquele que se abre para a provocação, para aquilo que vem de fora, de além dos limites do mundo e de nossa percepção. Zeus é um deus da ordem, mas não de uma ordem fixa, mas de uma ordem que se renova.

Assim, toda história para nos tocar, deve nos tocar como provocação. Nos tocar com sua beleza, que para os gregos sempre guardou o sentido de algo não meramente voltado para o prazer sensual. A beleza, para os gregos, traz em si as marcas daquilo que vem para nos despertar, para nos provocar e nos tornar conscientes de algo que antes se encontrava oculto. Talvez por isso, um dos epítetos de Afrodite, deusa da beleza e, em uma das narrativas míticas, filha de Zeus, seja justamente "aquela que revela segredos". As inúmeras histórias míticas e seus entrelaçamentos, com sua profusão de imagens, nos provocam com sua beleza, convertendo-se em formas de despertar a Alma.

Cometo a ousadia de pensar ser esta a maior riqueza com a qual o autor aqui nos presenteia. Afirmar a beleza das histórias e das imagens. Histórias nos movem, nos fazem olhar de novo, olhar mais uma vez, olhar através. É preciso se deixar fecundar imaginativamente pelas narrativas míticas. Quando lemos ou ouvimos histórias dessa forma, recuperamos aquela imaginação angelical, aquela capacidade de olharmos a realidade de uma forma imaginativa; pois, como quer Hillman, imaginar é também um modo de conhecer o mundo, também uma via de percepção.

Gustavo Barcellos nos traz, logo em sua introdução à obra, essa necessidade tantas vezes esquecida, a de recuperar a capacidade de reconhecermos o mítico no comum, o mítico no dia a dia. A Psicologia Arquetípica nos lembra a importância disso com uma de suas grandes ideias: "ver através" (*seeing through*). Aprendemos a conhecer o mundo e a nós mesmos por meio de uma percepção poiética.

Dessa forma, ao adentrar as páginas que virão, o primeiro pedido feito pelo livro é uma postura, um olhar e uma abertura para a provocação das histórias, através do qual a riqueza dessas narrativas pode ser reconhecida e realmente nos despertar para uma relação anímica consigo mesmo e com a própria vida.

Farley Valentim
Maio de 2022.

Nota introdutória

Este livro examina, do ponto de vista psicanalítico junguiano, a figura mítica de Zeus em suas várias implicações sobre nossas concepções de paternidade, soberania, poder, fertilidade, regência e ordenação do mundo. Trata também de alguns aspectos psicológicos do casamento, com base no que o mito grego apresenta sobre esse assunto na relação de Zeus e Hera. Ainda explora, com um foco especial no que tange o mito de Zeus e Atena, a relação *pai-filha*, um vínculo aparentemente pouco explorado na psicologia profunda e na psicanálise, que voltam sua atenção de modo mais frequente para a relação *mãe-filho*, o já tão discutido Complexo de Édipo. Com Zeus e Atena temos a possibilidade de examinar os mistérios da psicologia do amor entre pai e filha.

Esses estudos são uma tentativa na *mitologia da alma*, não na mitologia do espírito, um estudo do mito que pretende mergulhar naquilo que ele apresenta com relação às realidades da psique. Fazer uma mitologia da alma significa ter uma abordagem que entende que os mitos estão apresentando os modos de sofrer da psique, seus processos, suas realidades e os desafios misteriosos que ela enfrenta. A mitologia do espírito entende os deuses como realidades transcendentais, metafísicas, que regem um reino positivo para além do humano – o que seria, mais propriamente dito, uma teologia.

O mito é uma modalidade de pensamento, uma tensão de múltiplas significações. O esplendor desse pensamento, sempre apresentado por imagens, tem sido meu tema de pesquisa nos últimos anos e o encantamento de minha vida de trabalho e de escrita. Apresentá-lo mais uma vez, agora em torno de figurações divinas de magnitude e complexidade extraordinárias, é um prazer e um desafio que insisto em corresponder.

O livro nasceu de seminários de estudo que conduzi em diversas oportunidades e lugares sobre o tema das figuras míticas de Zeus, Hera e Atena. Agradeço o interesse das pessoas que neles estiveram presentes. Agradeço também a Elaine Carvalho pelas transcrições das gravações dos seminários, que ela fez para mim com tanto esmero, a partir do que pude construir o texto final deste livro. Também devo um agradecimento a Taís Diniz que tão cuidadosamente percorreu comigo as revisões do texto final.

GB
Pedra Grande
São Francisco Xavier
Abril/2022

Introdução

Ah, ei-los que retornam, um por um,
Temerosos, como se mal despertos.
Ezra Pound. "A Volta" (trad. de Mário Faustino).

1 Pensamento mítico, pensamento arquetípico

Quero mencionar algumas ideias de início para situar mais precisamente aquilo que faremos. Este é um estudo sobre a psicologia da mitologia. Estudamos a mitologia para extrair dela aquilo que há nela de psicologia profunda. Mais do que a mitologia, ou menos do que ela, é a *psicologia* da mitologia que nos interessa. Um segundo ponto é que esses estudos têm como perspectiva a obra psico-mitológica de James Hillman, pois o fundo de nossa abordagem é a psicologia arquetípica, um pensamento que se iniciou com ele. É sua uma contribuição muito extensa e significativa à psicologia no campo junguiano, e parte dela contrói-se em torno das figuras míticas, que é exatamente o título de um dos volumes da sua obra reunida, *Mythic Figures*[1]. Há ali dezoito ensaios sobre diversas figurações míticas e todo esse assunto. Sua obra mito-poética não está somente nesse volume. Há também reflexões mito-psicológicas em outros de seus trabalhos. *O sonho e o mundo das trevas*, por exemplo, é um livro sobre a mitologia do Hades e os sonhos, e principalmente sobre a figura de Hades; *O mito da análise* também traz textos sobre Dioniso, e uma reflexão sobre Psiquê e Eros. O mito entra na psicologia arquetípica de forma muito incisiva, e esses trabalhos estão apoiados num pensamento bem explícito: a compreensão de que a mitologia é a psicologia dos antigos e a psicologia é a nossa mitologia. Há um jogo complexo e profundo entre mito e psique, entre mitologia e psicologia: o mito é a retórica da psicologia arquetípica[2].

Outro ponto é entender que a psicologia arquetípica tem uma abordagem ao mito bastante particular, diferente da abordagem, digamos, mais tradicional, especialmente da psicologia junguiana, e que estou interessado em explorar. Em rápidas palavras, os estudos psicológicos de um modo geral costumam abordar as figuras míticas

---

1. HILLMAN, J. *Uniform Edition of the Writings of James Hillman, Mythic Figures*. Vol. 6. Putnam: Spring, 2007.

2. HILLMAN, J. *Uniform Edition of the Writings of James Hillman, Archetypal Psychology*, Vol. 1. Putnam: Spring, 2013, p. 27.

isoladamente; cada deus das culturas politeístas é estudado por vez ou, para usar a metáfora de Hillman, estudados como se estivéssemos olhando o desfile de estátuas de mármore num museu, o "deus individuado" na expressão de Marcel Detienne[3]. Penso que a psicologia arquetípica e sua abordagem ao mito, que aqui trago, entende – e esta compreensão não é exatamente originária da psicologia arquetípica, mas já está em alguns dos mais importantes mitólogos que seguimos e com quem aprendemos – que o verdadeiro sentido de uma divindade, ou daquilo que está apresentado por ela, ganha sua aparência mais complexa e se apresenta de forma mais nítida se examinarmos as *relações* que essa divindade estabelece com outras divindades[4]. Não se acessa o sentido próprio de cada figura mítica se as examinarmos isoladamente. Elas não se sustentam, nem se apresentam, de forma isolada. Elas se instituem, para já usar uma palavra zeuziana, e acontecem fenome-

---

3. DETIENNE, M. *Comparar o incomparável.* Trad. de Ivo Storniolo. São Paulo: Ideias e Letras, 2004, p. 102.

4. Marcel Detienne fala do politeísmo como "um sistema complexo de relações entre potências divinas ou entidades sobrenaturais" (DETIENNE, M. *Comparar o incomparável.* Trad. de Ivo Storniolo. São Paulo: Ideias e Letras, 2004, p. 95). E Jean-Pierre Vernant, comentando o trabalho pioneiro de Georges Dumézil, fala do "projeto de delimitar os deuses em suas relações recíprocas, de situá-los uns em relação aos outros" (DETIENNE, M.; VERNANT, J.-P. *Métis: as astúcias da inteligência.* Trad. de Filomena Hirata. São Paulo: Odysseus, 2008, p. 167).

nologicamente, em suas relações. A mitologia é um painel, é a apresentação dessas relações. Os deuses, seus campos de ação e de sentidos, suas esferas de existência, domínios de competência, dão-se desde a associação direta, tantas vezes de caráter amoroso ou por convergência de habilidades e temperamento, até o contraste e a indisposição mútua, uns sempre em relação aos outros. Estudar as figuras separadamente é abordar o politeísmo com uma mentalidade monoteísta. Ou seja, só se tangenciam os sentidos, não os penetramos de forma profunda. Isso está em sintonia com aquilo que entendemos seja plenamente uma mentalidade politeísta, pois os gregos sabiam disso ao dizerem que nenhum deus aparece sozinho. "Imaginar em pares e casais é pensar mitologicamente"[5]. As divindades sempre surgem em relações umas com as outras. Essas relações são muito importantes, pois elas não são apenas episódicas, mas servem exatamente para mostrar a divindade no seu esplendor, no seu maior sentido e potência. Aqui, seguiremos essa direção.

Estudamos pares de deuses. Vejam Ares e Afrodite, por exemplo: ao estudar Afrodite isoladamente, chega-se até um pedaço do caminho; mas tudo aquilo que está apresentado pela deusa – o sentido do que seja o amor físico,

---

5. HILLMAN, J. *Anima: anatomia de uma noção personificada*. Trad. de Lucia Rosenberg e Gustavo Barcellos. São Paulo: Cultrix, 1990, p. 187.

ou a beleza, ou a atração estética – aparece de uma forma mais intensa quando você examina o fato mítico dela estar em relações; ou seja, no caso da relação com Ares, por exemplo, o deus bélico, percebemos que não existe o amor sem a guerra, e que não existe a guerra sem o amor. Estou agora dando seguimento ao que já fizemos também com outras tantas figurações divinas em *Mitologias arquetípicas*, de 2019[6], como Hermes e Héstia, num outro exemplo, que trazem as questões das realidades externa e interna, de que não existe o interior sem o exterior, não existe a rua sem a casa, ou seja, elas se dão numa relação intrínseca, uma não existe sem a outra, uma institui ou faz acontecer a outra. Hillman aponta que os sentidos das divindades aparecem em duplas ou em tríades, pois são os pares ou os triângulos que contêm os mitologemas mais significativos, e o mito é feito de mitologemas. O acesso que temos aos grandes mitos são os mitologemas, as histórias dentro da história maior de um mito, e são eles que nos entregam os ensinamentos, as compreensões e os aprofundamentos psicológicos que estamos buscando. O mito é sempre muito grandioso; falamos do mito de Apolo, de Afrodite, de Zeus. Mas o que temos são os mitologemas, as narrativas menores inseridas dentro de um grande mito. Então,

---

6. BARCELLOS, G. *Mitologias arquetípicas: figurações divinas e configurações humanas.* Petrópolis: Vozes, 2019.

do ponto de vista psicológico, o que nos interessa são as "sequências narrativas", segundo define Jaa Torrano[7]. São os tijolos que formam o edifício que é o mito. Ora, interessam-nos esses tijolos, essas estruturas, que constroem o mito como um todo, e quando descemos ao detalhe dessas estruturas, dessas gemas, encontramos fundamentalmente as histórias das relações entre os deuses, ou entre os deuses e os mortais.

Gostaria de levar esta discussão a um pequeno passo adiante e sugerir, como tenho feito, a compreensão de que não somente é importante a apreciação das relações em si, mas a percepção ainda maior que, por estarem em relações, um deus já está *dentro* do outro, participando do ser do outro. Um deus participa do sentido total do outro, da constituição daquela divindade a que está relacionado no mito. Assim, Afrodite carrega Ares dentro de si, o amor carrega a guerra dentro dele, e vice-versa. Espero já ter mostrado isso em outras configurações que examinamos; pretendo mostrá-lo novamente com relação a Zeus e Hera, e Zeus e Atena.

O entendimento das interpenetrações dos deuses coloca-nos num lugar para o estudo que se pretende psico-

---

7. TORRANO, J. *Mito e imagens míticas*. São Paulo: Córrego, 2019, p. 31.

lógico, não religioso. Não *acreditamos* nos deuses, antes de mais nada, porque eles não precisam de crença para existirem. *Sabemos* dos deuses. Portanto, eles não são abordados como entidades positivas, como criaturas ou criações que existem positivamente numa realidade transcendente[8]. Para a psicologia, os deuses são metáforas, ou são, dito de forma mais simples, maneiras de compreendermos as forças que nos governam. Há poderes mais permanentes do que nós que governam nossas vidas, nossas ideias, nossos modos de ser e de agir, nossos sonhos e ambições, e também nossos modos de não ser. Essas forças apareceram para os gregos, e outras culturas politeístas assim também as compreenderam, em formas personificadas. Personificadas ou antropomorfizadas, dizem os helenistas e os antropólogos; mas há uma curiosa compreensão de Karl Kerényi que diz o contrário: nós é que somos teomorfizados, não são os deuses que foram antropomorfizados[9]. A antropologia vê o homem no deus; queremos ver o deus no homem – o que é um passo psicológico.

Para efeito de estudo e de compreensão, para que possamos alcançar a psicologia que está no mito e que existe

---

8. HILLMAN, *UE*, vol. 1, p. 42. Cf. tb. HILLMAN, J. *Re-vendo a psicologia*. Trad. de Gustavo Barcellos. Petrópolis: Vozes, 2010, p. 102-106.

9. KERENYI, K. *Pesquisa humanista da alma*. Trad. de Markus Hediger. Petrópolis: Vozes, 2019, p. 208.

em suas figuras, é necessário certo esforço mental de nossa parte. Esse esforço tem a ver com algumas operações que não são de fato muito simples. A primeira delas é o que poderíamos chamar, um pouco vulgarmente, de metaforização; é preciso haver uma certa inclinação para a metáfora ou, como parece sugerir Gaston Bachelard, uma abertura para a metáfora[10]. Nosso modo é poético, não prosaico. Estarmos no modo poético envolve operações mentais diferentes daquelas da prosa, outro nível de entendimento, principalmente uma profunda apreciação e envolvimento radical com a metáfora. Tudo isso que dizemos e que estudamos, as ideias todas que perseguimos a respeito dessas divindades, precisam ser entendidas metaforicamente. Outra operação mental importante é a suspensão do pensamento abstrato, dos raciocínios abstratos, o que significa deixar de pensar por meio de conceitos. Por exemplo, dizer, Afrodite é a deusa do amor, não diz nada rigorosamente. Amor é algo vago ou por demais amplo; nessa locução, amor é um conceito. Devemos suspender, em alguma medida, essa mentalidade que procede substantivando a compreensão das coisas – exatamente o que fazemos em psicologia: inconsciente, alma, complexo,

---

10. BACHELARD, G. *Fragmentos de uma poética do fogo*. São Paulo: Brasiliense, 1990, p. 107: "Quem traz o fogo traz a luz, a luz do espírito – a clareza metafórica – à consciência".

arquétipo, ego são todos substantivos, quando na verdade deveriam ser qualificadores de experiências. *Inconsciente é uma qualidade que pode definir algum evento.* A substantivação é um hábito mental, um estilo de consciência muito predominante em quem somos. A própria concepção do que seja um sujeito psicológico passa pela capacidade plena de abstração.

Devemos, portanto, entender, a meu ver, que a sabedoria psicológica que podemos acessar no mito está num substrato psíquico que os mitólogos chamam de *pensamento mítico*. O pensamento mítico é o que forma, que elabora o mito. Trata-se de um pensamento mais originário, pré-filosófico. A filosofia aparece depois do mito, como sabemos[11]. Os mitólogos, de um modo geral, conseguem determinar algumas características desse pensamento, e a que mais salta aos olhos é a sua natureza completamente imagética. Ou seja, esse é um pensamento que se constrói por imagens, e não por conceitos ou ideias abstratas. Estou me referindo a esse pensamento pois a descrição que

---

11. O surgimento da filosofia na Grécia – que é o lugar onde surge a filosofia no Ocidente – se dá na periferia, não no continente. Os primeiros filósofos estão naquilo que é chamado Ásia Menor ou Magna Grécia. A filosofia vem da periferia para o centro, e quando ela atinge o centro, Atenas, já com os pré-socráticos, e depois com Platão e Sócrates, começa a calar o mito. O mito "termina" quando chega o pensamento racional, o nível abstrato do pensar filosófico.

os estudiosos do mito fazem dele é muito semelhante às descrições da natureza da psique profunda segundo C.G. Jung e James Hillman. Sua característica primordial é ser concreto, ele opera na concretude. Jaa Torrano nos diz: "por concretude entendemos o irrestrito império da imagem, que domina soberana e incontrastável"[12]. No mito, encontramos observações bastante sutis e penetrantes sobre diversos aspectos da existência, que compõem o ser, o devir, as qualidades variadas do mundo e suas relações; essas observações são elaboradas e nos são entregues por imagens, e por jogos de imagens, que são as histórias, as narrativas propriamente ditas.

Concretude não é literalidade. Por concretude, não estamos nos referindo ao nível literal das coisas, aquele onde elas têm um sentido único, ao pé da letra. Simples e simplório. A concretude que está presente no pensamento mítico tem uma base sensorial; ela é a própria expressão da sensorialidade. A literalidade puxa pelas formulações abstratas. Concretude quer dizer a visualidade das formas, sua importância. Assim como o mito, a alquimia, por exemplo, é concreta sem ser literal, apresenta suas verdades também por meio de imagens que são muito concretas: o tubinho de ensaio, o forno, o fogo, as explosões, as

---

12. TORRANO. Op. cit., p. 42.

evaporações, o ácido azul, o pelicano, a pomba, o monstro de três patas ou duas cabeças, todo o bestiário alquímico. Figurações. A alquimia apresenta suas verdades e raciocínios em imagens muito concretas. Igualmente, portanto, poderíamos especular em torno de um *pensamento alquímico*. Assim sendo, uma maneira muito imediata que nos permite compreender a diferença entre literalidade e concretude está na alquimia. E tanto no mito quanto na alquimia, a concretude é a das imagens, é o "império das imagens". Não se faz alquimia sem imagens; todos os tratados, além de serem imagéticos em seus próprios textos, são também acompanhados de desenhos, de imagens, de gravuras[13].

O pensamento concreto é uma lógica que pensa por imagens. Aquilo que é chamado de pensamento mítico, chamamos de *realidade psíquica* na abordagem da psicologia. Isso é importante para podermos apreciar o mito. Quero agora acrescentar mais algumas observações de Jaa Torrano:

> Na ausência de toda abstração e de toda generalidade, o pensamento mítico pensa e diz o ser em sua tota-

---

13. Um sonho também é muito concreto, pois sonhamos com uma imagem concreta, nesse sentido de que é uma apresentação de formas. A concretude que está presente nos sonhos, ou no pensamento mítico, tem uma base sensorial; ela é a própria expressão da sensorialidade.

lidade, a existência geral e o mundo em seus aspectos fundamentais, recorrendo unicamente ao que se tem acesso através da sensação e da sensibilidade[14].

A abstração é generalizante. O pensamento mítico é específico. É inteiro.

Vejamos ainda mais esta citação de Torrano: "O pensamento mítico opera unicamente com imagens; nele, não existe o conceito, no sentido de uma percepção intelectual que se produz por elaboração do raciocínio"[15]. Ao apreciarmos e compreendermos um pouco melhor esse pensar, estaremos evidentemente compreendendo um pouco melhor o funcionamento da psique. Para Jung, como sabemos, "imagem é psique"[16].

* * *

O pensamento mítico, modo de funcionamento próprio do humano, desaparece na Grécia depois do século V a.C., e isso, segundo a compreensão de alguns helenistas, Jaa Torrano por exemplo, em função de três invenções, di-

---

14. TORRANO. Op. cit., p. 42.

15. Ibid., p. 98.

16. JUNG. *OC*, 13, § 75.

gamos, "malditas". A primeira é o alfabeto, a segunda é a moeda e a terceira é a *polis*. Essas três invenções – ou seja, a invenção da linguagem escrita não mais oral, da moeda como regulação das trocas, e da cidade como uma organização democrática para vivermos juntos – exigem um nível de abstração muito grande. Inauguram o pensamento abstrato, que vai propiciar o surgimento do pensar dos pensadores, o pensar originário, sobre as questões fundamentais – o que somos, o que são os números, o que é a natureza, o que é a vida, o tempo e assim por diante.

A moeda, por exemplo. Eu te dou um livro e você me dá uma galinha, eu estou precisando de galinha e você de livro. É troca, é comércio. Bem, quando você me dá a galinha e eu te dou uma moeda de metal que acordamos vale o mesmo que uma galinha, essa operação é muito abstrata. É preciso compreender que, no momento em que surgiu, exigiu um salto mental muito complexo rumo à abstração. O mesmo com o alfabeto[17]. A partir do momento em que

---

17. "A escrita alfabética chegou ao mundo grego durante a primeira metade do século VIII a.C. [...] O alfabeto [...] é considerado revolucionário tanto como sistema de escrita quanto como instrumento de desenvolvimento intelectual. [...] revolução no pensamento abstrato. [...] Argumenta-se que o letramento na Grécia e, portanto, em qualquer outro lugar, é um agente poderoso que muda mentalidades. [...] argumentaram que foi a escrita que produziu na Grécia a democracia, o pensamento racional, a filosofia e a historiografia" (THOMAS, R. *Letramento e oralidade na Grécia antiga*. Trad. de Raul Fizer. São Paulo: Odysseus, 2005, p. 74, 76, 77, 23).

é criado o alfabeto, e então podemos escrever a história dos deuses, não precisamos mais nos lembrar deles. Eles, por assim dizer, saem de dentro de nós. Nesse momento, a oralidade desaparece e, lembremos, a oralidade é uma operação que envolve processos muito sofisticados de memorização: "Uma civilização oral exige o desenvolvimento da memória, requer a implantação de técnicas muito precisas de memória. Não se pode entender a poesia oral, cuja culminância são a *Ilíada* e a *Odisseia*, sem a postulação de uma verdadeira 'mnemotécnica'"[18]. Se nos lembramos dos deuses e podemos contar sua história, não precisamos ler sua história; ela está *dentro* de nós, viva. Quando a escrita aparece, os deuses saem de dentro, porque estão no papiro, no livro. Segundo essa compreensão, trata-se de um impacto importante nas relações dos homens com os deuses, dos humanos com o divino, e um golpe na memória. A *polis* também aponta para um nível de abstração muito grande, porque é um acordo. Perceba-se agora que uma coisa está ligada à outra. A *polis* só existe porque é uma organização democrática que, para existir, necessita de leis. E as leis precisam ser conhecidas por todos, e a maneira de serem conhecidas por todos é estarem escritas, colocadas em cartazes nas portas dos prédios importantes

---

18. DETIENNE, M. *Mestres da verdade na Grécia arcaica*. Trad. de Ivone Benedetti. São Paulo: Martins Fontes, 2013, p. 14.

para as pessoas lerem e terem acesso ao seu conhecimento. Aí temos a constituição da *polis*, que é como vivemos até hoje. Isso tudo vai se entrelaçando e se complexificando; a criação da *polis* precisa da moeda e precisa da escrita. E a escrita precisa da moeda e a moeda precisa da *polis*. São três invenções que andam juntas, que exigem umas às outras para existirem. São deuses que se interpenetram.

Na Grécia antiga, o pensamento mítico alcança Zeus e termina com ele. Zeus é o ápice, depois dele não veio mais nada. Ele é o último, e é o melhor. Veremos como de fato ele é o *ponto culminante* – uma afirmação que já se dá na linguagem da superioridade, da supremacia, da altura, própria de Zeus. Naquele momento, a mitologia, no sentido de ser a fala do mito, morre; mas os deuses não morrem.

Na psicologia, precisamos considerar o pensamento mítico num olhar para psique propriamente dita. Gostaria de fazer aquilo que ouso chamar de *mitologia da alma*, e não mitologia do espírito, porque é um estudo do mito que pretende mergulhar naquilo que ele apresenta com relação à realidade da psique. Assim como Hillman fez uma alquimia da alma[19], fazer uma mitologia da alma significa ter uma abordagem que entende que os mitos estão apre-

---

19. HILLMAN, J. *Uniform Edition of the Writings of James Hillman*, *Alchemical Psychology*. Vol. 5. Putnam: Spring, 2010 [*Psicologia alquímica*. Trad. Gustavo Barcellos. Petrópolis: Vozes, 2011].

sentando os modos de sofrer da psique, seus processos, suas realidades e os desafios misteriosos que ela enfrenta. Isso é diferente de fazer a mitologia do espírito, entendendo os deuses como realidades transcendentais, metafísicas, que regem um reino positivo para além do humano – o que seria, mais propriamente dito, uma teologia.

* * *

Quero mais uma vez trazer uma citação que já vai nos introduzir no estudo de Zeus e Hera. Essas forças de que falaremos nos são apresentadas, no mito grego, personificadas, deuses como pessoas. Mas temos que entender a diferença entre aquilo que um grego antigo chama de deus e o que chamamos de deus numa cultura monoteísta judaico-cristã. São instâncias bastante diferentes. Bem, Jaa Torrano, tradutor para o português da *Teogonia* de Hesíodo, pode fazer a si mesmo essa pergunta: o que são os deuses? Como defini-los? Afinal de contas, o que são os *theoí* para os gregos antigos? Sua resposta nos dá condições de irmos mais adiante:

> A meu ver, os "deus(es)" são os aspectos fundamentais do mundo, ou, melhor, são as imagens com que se pen-

sa o mundo, as imagens que nos remetem aos aspectos permanentes, fundamentais do mundo[20].

Sugiro que essa pode ser também uma definição de *arquétipo*. Aquilo que os gregos antigos chamavam de deuses são, assim, as imagens arquetípicas que nos apresentam aos aspectos fundamentais de um mundo. O gregos precisam pensar o mundo – o que é o amor, a morte, o trabalho, a vida, a natureza, a doença, a árvore, o raio, o céu, o fogo, e assim por diante. É uma cultura interessada em pensar este nosso mundo, e não o outro mundo, e o pensa por imagens. Pois bem, a cada uma dessas imagens que pensam o mundo, referindo-se aos seus aspectos fundamentais, os gregos deram o nome de deus, *theós*. Essa compreensão é muito diferente daquilo que uma cultura monoteísta chama de Deus, uma entidade única bem mais abstrata e inapreensível. Não podemos transferir a ideia que temos de Deus no mundo monoteísta hebraico para o mundo politeísta grego, ou qualquer outro mundo politeísta. Não podemos fazer essa transposição, ela é artificial. Pois, se a fizermos, estaremos apenas transferindo o monoteísmo para dentro do politeísmo[21].

---

20. TORRANO. Op. cit., p. 98.

21. Duas observações de Jung bastante conhecidas, ambas contidas no texto em que ele faz um comentário sobre o livro *O segredo da flor de ouro,* um livro de alquimia chinesa, que interessam. Ele faz um comentário ocidental. Sua elevação a um ícone da cultura pop se deu

Assim, o grego está descrevendo o mundo, e o mundo está dentro e fora simultaneamente. Podemos, a partir daí, ter uma leitura psicológica do mito: os deuses são metáforas, imagens que nos remetem aos aspectos permanentes do mundo, aquilo com que cada vida tem que se confrontar. O que os gregos chamam de *theós*, que traduzimos como deus, é fundamentalmente um qualificativo. Os deuses são o próprio mundo.

Podemos ainda acrescentar algo mais, pois aqui temos também Karl Kerényi ajudando-nos a entender aquilo que é chamado de deuses (*theoí*) pelos gregos, que são, fundamentalmente, a meu ver, experiências. A ideia do divino,

---

por conta desse livro, e o sucesso que teve nos anos de 1970 fez Jung ir parar entre as personalidades na capa do disco dos Beatles, *Sargent Pepper's Lonely Hearts Club Band*. Ali ele afirma: "Nossa verdadeira religião é um monoteísmo da consciência. Uma possessão por ela aliada a uma negação fanática da existência de sistemas autônomos fragmentários" (*OC*, 13, § 51). Ora, o que são esses sistemas autônomos fragmentários? São os deuses. Segundo Jung, nós desenvolvemos uma negação fanática desse sistema. A segunda observação está dois parágrafos adiante: "Pensamos que podemos nos congratular de termos atingido um tal pináculo de claridade imaginando que deixamos para trás os deuses fantasmagóricos. Mas o que nós deixamos para trás são apenas espectros verbais, não os fatos psíquicos que foram responsáveis pelo nascimento dos deuses". E na sequência: "Os deuses tornaram-se doenças. Zeus não mais governa o Olimpo, mas ao invés o plexo solar e produz espécies curiosas para o consultório do médico ou desordens nos cérebros de políticos e jornalistas que então espalham epidemias psíquicas no mundo" (*OC*, 13, § 54). São compreensões que nos ajudam.

do que é um *theós* na língua grega, nunca é um vocativo, diz Kerényi, é sempre um predicativo. Portanto uma qualificação dos eventos. Deus é algo que se diz *a respeito* de um evento. É um modo de adjetivar os fenômenos. Diz-se, isto aqui é Apolo! Não se está chamando Apolo, não é vocativo. No ambiente monoteísta, usamos a palavra Deus vocativamente, chamando por alguém. Os gregos não estão chamando ninguém. Kerényi: "*Theós* não tem vocativo na língua grega, a não ser quando falada por judeus ou cristãos"[22]. Quando a palavra deus, *theós*, está sendo usada por cristãos ou por judeus, ela designa o modo apelativo. Os gregos, por outro lado, estão identificados com a divindade. Eles não têm uma relação separada com ela. Têm uma *identidade* com elas. Já os monoteístas têm uma *relação* com a divindade. Ela está fora. O deus monoteísta espera que nos relacionemos com ele, que se estabeleça uma relação[23]. Quando um grego entende que um momento na sua vida está regido, por exemplo, por Apolo, ele diz, "eu sou Apolo". A divindade está com ele. Os gregos não cha-

---

22. KERENYI, K. *Zeus and Hera: Archetypal Image of Father, Husband, and Wife*. Princeton: Princeton University Press, 1975, p. 11 [Bollingen Series, LXV-5].

23. "As religiões bíblicas – judaísmo, cristianismo, islamismo – são religiões de relação em vez de identidade, e são institucionalizadas" (CAMPBELL, J. *Goddesses: mysteries of the feminine divine*. Ed. de Safron Rossi. California: New World Library, 2013, p. 102).

mam os deuses. Quando, noutro exemplo, um grego está numa experiência da beleza, ele diz, "eu sou Afrodite". Ele, nesse momento, é a deusa. Se dissermos, "eu sou Hera", o pensamento monoteísta, e mesmo o pensamento psicológico, dirá que isto é inflação, arrogância, desmedida, porque você não pode ser um deus, deus é algo que está fora. Mas o grego diz, "eu sou Hera", "eu sou Hermes". Então, está identificado com aquele deus. Identificar-se com um deus, para a mentalidade politeísta grega, é uma maneira de celebrá-lo, de honrá-lo, de entrar numa experiência e viver a qualidade daquela experiência. Esse tipo de lógica não se estabelece no monoteísmo. O deus do monoteísmo é sempre vocativo, sempre substantivo, é nome, verbo. No politeísmo, a palavra *theós* designa a qualidade de algum evento, adjetivo. E, portanto, aquilo que é *theós* para os gregos refere-se fundamentalmente, acredito, a uma experiência, algo pelo que se está passando. Também é uma maneira de descrever aquilo que entendemos como arquétipo.

A palavra *arquétipo*, rigorosamente falando e de acordo com o que compreendo que tenha sido a direção de Jung quando ele toma essa palavra para sua psicologia, deve também ser usada, rigorosamente, de modo adjetivo. Arquétipo qualifica uma experiência; dizemos, isso é arquetípico. A palavra arquétipo deve ser usada de modo predicativo, como um qualificador, pois então dará acesso à realidade que queremos compreender, será uma maneira de entrar na experiência. Estaremos percebendo a qualidade daquele evento. Estamos numa posição de praticar uma psicologia que queira perceber as qualidades dos eventos, mais do que seus sentidos. Sentido é uma preocupação do espírito, do *logos*, não da alma. Assim podemos nos localizar: a qualidade nos localiza, o adjetivo localiza. Quando substantivamos o arquétipo, a desvantagem é que essa operação, de alguma maneira, bloqueia o acesso à experiência. Passa a ser a abstração a partir de uma imagem de algo em última instância incognoscível, idealizado, uma referência. Arquetípico é entendido como um qualificador de experiências, mais do que uma experiência em si.

Entre junguianos, há certa tendência de falar do arquetípico como padrões de comportamento pré-estabelecidos, modos pré-figurados de organização das experiências. Essa linguagem é uma maneira de falar das pré-disposições como a forma vazia de alguma coisa, estruturas supraconscientes. Fala da alma de um ponto de vista espiritual. No volume 1 de *Uniform Edition of the Writings of James Hillman, Archetypal Psychology*, ele aborda a questão arquetípica como uma *necessidade*:

> Aqui a psicologia arquetípica revela-se estritamente como uma psicologia dos arquétipos, uma mera análise das estruturas do ser (deuses em seus mitos), e, ao

enfatizar a função valorativa do adjetivo "arquetípico", restitui às imagens seu lugar primordial como sendo aquele que dá valor psíquico ao mundo. Qualquer imagem denominada "arquetípica" é imediatamente valorada como universal, trans-histórica, basicamente profunda, geradora, extremamente intencional, e necessária[24].

É uma fala psicológica. Com ela, não estamos imaginando estruturas pré-formadas, abstratas, uma pré-organização. Arquetípico concede valor. Estamos numa posição que enfatiza a "função valorativa do adjetivo arquetípico".

Kerényi afirma: *"Theós* é algo dito a respeito de um evento"[25]. Portanto, aquele evento tem uma qualidade divina, ou seja, transcendente. Por exemplo: uma encruzilhada, uma lareira, um raio, uma nuvem, um casamento, a maternidade, a paixão – eventos da experiência comum que são também maneiras de experimentar o divino. Isso também nos leva àquela famosa afirmação de Tales de Mileto, o primeiro filósofo ocidental: "Todas as coisas estão cheias dos deuses" (*Panta theon plere*)[26]. Creio que isso é dito no sentido de que os deuses são as qualidades dos

---

24. HILLMAN. *UE, 1*, p. 23.

25. KERÉNYI. Op. cit., p. 11.

26. *Os pré-socráticos: fragmentos, doxografia e comentários.* Seleção de textos e supervisão de José Cavalcanti de Souza. São Paulo: Nova Cultural, 2000, p. 41.

eventos, dados com os próprios eventos: "Uma experiência pode ser reconhecida pela frase na qual a palavra *theós* é usada predicativamente"[27].

Isso coincide com a mítica, com o que está na *Teogonia*, ou seja, o mundo e os deuses aconteceram ao mesmo momento. Não há, no politeísmo grego, um deus extramundo, que cria o mundo a partir dele. Por outro lado, o deus monoteísta judaico-cristão é um Deus criador do mundo, que então existe a partir dele, depois dele. No politeísmo da religião da Grécia antiga, o mundo e os deuses surgem no mesmo instante. Os deuses, portanto, passam a ser, como entende Torrano, os aspectos fundamentais e perenes do mundo, o que quer dizer eterno. Eterno quer dizer sempre vivo, que sempre esteve, imortal. Imortal quer dizer que tem a qualidade do que é perene, força vital que dura. Assim, conhecer os deuses é conhecer o mundo.

Além disso, ao estudarmos o mito grego politeísta, examinamos os deuses de uma cultura que concebe deus no plural, que concebe esse nível da realidade ao qual chamamos de divino não no singular. Essa é uma diferença muito importante, que acaba impactando o modo de viver e de se organizar as coisas. A ênfase recai sobre a diversidade e a diferenciação. Não temos esse registro, estamos

---

27. KERÉNYI. Op. cit., p. xiii.

profundamente imersos numa cultura monoteísta, o que torna muito difícil acessarmos de fato essa concepção das coisas. Os gregos entendem o divino pluralmente, e, portanto, há, claro, uma diferença muito grande entre aquilo que um grego chamou de deus e aquilo que numa cultura monoteísta chama-se de Deus. O mesmo termo está se referindo a realidades completamente diferentes; não podemos simplesmente transferir a ideia que temos de deus para a Grécia antiga, ou mesmo para qualquer outra cultura politeísta, porque o politeísmo não é simplesmente uma coleção de deuses – ou seja, ao invés de uma, temos doze, ou vinte divindades. O politeísmo não é, por assim dizer, um multi-monoteísmo. É uma outra maneira lógica de pensar, de viver e de experimentar o mundo que não está literalmente baseada na ideia de unidade. Insisto nisso pois, para a psicologia arquetípica, a psique é profundamente pagã, sua natureza é um campo policêntrico e múltiplo. Estudar os politeísmos ajuda-nos a entender a psique multifacetada.

2 Mito

Gostaria de tomar esse primeiro momento também para fazer algumas considerações sobre o mito de forma geral, e sobre o que é a mitologia na perspectiva da psicologia arquetípica. Tenho duas observações que acredito serem relevantes. A primeira é de alguém muito importante para essa psicologia, Thomas Moore, num pequeno artigo publicado em 1992, na revista *Sphinx*, cujo título é "Desenvolvendo uma sensibilidade mítica"[28]. Ele aponta que estudar os mitos, ou nos envolvermos com eles, desenvolve em nós principalmente uma *sensibilidade mítica*. Ou seja, mais do que conhecer os mitos, cria e deixa crescer em nós uma sensibilidade para o mito. Vejamos o que isso significa. Inicialmente, há uma compreensão, na própria psicologia, e também na antropologia, de que os mitos são explicações: o que é a vida, o que é a morte, o que é o fogo, o que é a chuva, a dor, a doença e assim por diante. Os mitos seriam explicações para esses fenômenos naturais. Bem, os mitos escapam-nos, e não explicam nada, não são explicações, especialmente pensando no sentido da palavra *explicação* em sua origem no termo latino *explanare*. Hillman lembra-nos que a palavra explicação indica tornar alguma coisa plana e externa, ex-planar, colocar algo para fora numa superfície. Ou seja, absolutamente monótono, sem relevo, exposto sem desigualdades de nível, sem surpresas. A explicação é da ordem das planícies, do que está absolutamente exposto e simplesmente dado, fácil, inteligível, claro. Claro, são modos de imaginar, a explica-

---

28. MOORE, T. "Developing a Mythic Sensibility". *Sphinx 4* – A Journal for Archetypal Psychology and the Arts. Londres: London Convivium for Archetypal Studies, 1992.

ção é também uma fantasia, é também um movimento da alma. Talvez seja uma fantasia apolínea, da clareza, da luz, da linha reta. Talvez esteja dentro da configuração apolínea da flecha e da distância. Porém, é um modo de imaginar que torna as coisas muito planas. Não dá contorno, e é um tipo de fantasia que não parece muito atraente na medida em que procura afunilar as coisas num sentido único. A questão é que todas as fantasias explicativas, a meu ver, trazem esse anseio de planície, de planificar, de deixar as coisas assim ex-planadas. Parece-me um jeito de imaginar que está a serviço de tirar a surpresa das coisas. A alma é o lugar do relevo: morros, vales, lagos, precipícios, abismos, pedras, rochedos, cavernas. Não é um lugar plano, planejado. Uma fantasia que sirva para explicar a alma é aquela que tenta tornar as coisas planas.

Pois bem, a psicologia arquetípica, e certamente os principais mitólogos com quem aprendemos, não compreendem que os mitos são explicações; ao contrário, mitos complicam as coisas, servem para complicar. Eles provocam, tecem, enredam, surpreendem, desorganizam, rearranjam, estonteiam. Mostram as complicações, a complexidade das coisas. Os mitos colocam-nos no lugar da ambiguidade e da dúvida, não na certeza e no fato. Eles não são fatos, são histórias. Certeza é sempre algo que afunila, que se concentra numa verdade única. Para ser certeza, ser fato, algo precisa, de alguma maneira, afunilar-se numa observação única. Ora, os mitos vão na direção oposta. Nunca temos certeza de nada. Os mitos têm várias versões. Se tentamos acompanhar, nos perdemos: mas se esse é filho daquela, aqui está dizendo que ele também é filho daquela outra, e não tinha nascido quando ele era filho daquele? Quem já não experimentou essa sensação exasperante de querer entender os mitos dessa forma? Algo é contado de um jeito, mas pode ser contado de outro. Tudo é verdade, tudo está ali dentro, tudo tem um lugar e esse lugar é justamente o da duplicidade, da ambiguidade, e principalmente o lugar das histórias, das narrativas. Variações. Variedade. A psique tem uma profunda necessidade de histórias variadas, não por conta de que ela quer explicações, mas porque quer imagens nas quais possa se refletir. Curvas. Os mitos falam a esse nível em nós que podemos chamar de psíquico. A psique é imagem (Jung), e quer imaginar nas suas histórias, ser também imaginada, quer muitas histórias para uma mesma história, quer a riqueza das variantes. Fluxos. Os mitos nos alimentam dessa forma e, portanto, passam a ser muito importantes desse ponto de vista.

Bem, isso requer desenvolvermos uma "sensibilidade para os mitos" que não quer nem entendê-los como explicações, nem tão pouco explicá-los para serem entendidos.

Os mitos não são explicáveis; eles são vividos, escutados, fazem parte daquilo que somos mesmo que não saibamos que o fazem. O texto de Thomas Moore vai nos dando os diversos sentidos do que é uma sensibilidade mítica, e em sua primeira frase diz: "o mito é um dos gêneros da experiência, uma maneira que a imaginação tem de nos envolver em fantasia, mesmo enquanto vivemos ou sonhamos os nossos dias"[29].

O que é então o mito? O mito é anterior à mitologia. Mitologia é *mythos logos*, uma palavra composta por essas outras duas. Sabemos que o *logos* venceu o *mythos*. Na história grega, a filosofia se sobrepõe ao mito, e a razão, de alguma forma, vence a fantasia. Depois do surgimento da filosofia na Grécia antiga, que muitos historiadores chamam de "o milagre grego", o mito recua, termina, mingua, deixa de ter importância, embora nesse primeiro momento tenha até presença na própria filosofia. Mas a racionalidade socrática matou os deuses. E o que é o *mythos* (μῦθος)? A palavra designa histórias, narrativas, fabulação. *Mythos* são as histórias que contam da trama das coisas, como estão entretecidas. Narrativa aqui apresenta o sentido de mostrar o entrelaçamento de todas as coisas, como estão costuradas, enredadas. Ora, uma observação que vários mitólogos fazem, e também Thomas Moore

---

29. Ibid., p. 53.

lembra naquele texto: a palavra *mythos* é composta por uma célula semântica, a sílaba *mu*. Esta sílaba, que depois compõe a palavra *mythos*, tanto quanto a palavra mistério (*mystērion*), quer dizer "fechar", particularmente fechar a boca e os olhos. Bem, isso nos dá uma compreensão da palavra *mythos* referindo-nos àquelas histórias que contamos de boca fechada, que apenas são possíveis de serem contadas com a boca e os olhos fechados[30]. Ora, histórias que contamos de boca e olhos fechados são... os sonhos. Esses são os *mythos*. Sonho e mito se entrelaçam. Mito é sonho, sonho é mito. Ora, é somente por meio das histórias que são contadas quando fechamos a boca e os olhos que temos de fato a oportunidade de vislumbrar como as coisas estão tecidas, tramadas, arranjadas – para nós e no mundo. A essa urdidura os gregos dão nome de *moira* (Μοῖραι), ou seja, destino. A ideia de destino para os gregos tem a ver com isso, ou seja, como as coisas estão tramadas, e a inevitabilidade de estarem tramadas de uma determinada forma. Ou seja, há sempre um arranjo, e este não pode ser descosturado, rasgado, sob pena de invocarmos a tragédia. A tragédia são os rasgos nos tecidos das histórias, do *mythos*, rasgos nas tramas nas quais nossas

---

30. K.K. Ruthven, citando Jane Harrison, aponta que "para os gregos, um *mythos* era originalmente apenas uma coisa falada, proferida pela *boca*" (RUTHVEN, K.K. *O mito*. Trad. de Esther Eva Horivitz de BeerMann. São Paulo: Perspectiva, 1997, p. 51).

vidas estão arranjadas. Seja na coletividade, seja na cultura, ou em nossas vidas pessoais, só teremos acesso ao destino das coisas – no sentido de termos acesso a uma visão de como as coisas estão tramadas – por meio das histórias que são contadas de olhos e boca fechados: sonhos, memórias, fantasias, imaginação, sintomas.

Isso está de acordo com algumas observações iniciais de James Hillman, em seu livro *Suicídio e a alma*, de 1964[31]. Neste livro, falando de psicoterapia, ele sente a necessidade de fazer uma distinção entre uma história de caso, ou seja, do ego, e uma história da alma; em outras palavras, a história que contamos de boca aberta e a que contamos de boca fechada. Há uma diferença fundamental entre essas duas narrativas. Elas podem se aproximar, podem se distanciar, e sua aproximação ou seu distanciamento dizem muitas coisas, inclusive no sentido do que pode ser entendido por psicopatologia. Sabemos que há um jogo espaço-temporal entre essas duas narrativas, sabemos que ocupam a imaginação de modos bem diferentes, e esse intervalo é muito importante para a psicoterapia. Há uma necessidade de distinção entre essas duas narrativas.

Há um consenso em dizer-se que o mito é a *vera narratio*, ou seja, o mito é a narrativa verdadeira. O mito conta

---

31. HILLMAN, J. *Suicídio e a alma*. Trad. de Sonia Labate. Petrópolis: Vozes, 2011.

a verdade, a verdade está no mito[32]. Deste ponto de vista, as histórias que contamos de boca fechada são as histórias verdadeiras. Verdade é uma categoria muito complicada de se usar no contexto da psicologia. Estou usando a palavra com uma certa licença poética, para entender que o mito é sempre uma verdade – não no sentido de ser a verdade última, de um ponto de vista mais monoteísta ou escatológico, mas que aquilo que está contado no mito é sempre verdadeiro. Assim, por outro lado, muito provavelmente a narrativa que contamos de boca aberta é "mentirosa", digamos, tem algum grau de autoengano. Não no sentido moral, mas a história do ego é, em alguma medida, "mentirosa", sempre inevitavelmente uma certa versão dos acontecimentos. A história contada pelo ego é, de um certo modo, enganosa, nesse sentido de que é sempre um jeito de contar, um jeito de entender, que está a serviço, na maioria das vezes, a gratificações patologizadas. Por isso vamos aos sonhos, vamos às fantasias. Não existe propriamente uma terapia analítica que dê conta da alma inconsciente sem que se vá aos sonhos, às fantasias, ao não dito, aos atos falhos, aos sintomas, todo esse dis-

---

32. ELIADE, M. *O sagrado e o profano*. São Paulo: Martins Fontes, 1992, p. 82. "[...] o mito designa, ao contrário, uma 'história verdadeira' e, ademais, extremamente preciosa por seu caráter sagrado, exemplar e significativo" (ELIADE, M. *Mito e realidade*. Trad. Pola Civelli. São Paulo: Perspectiva, 2004, p. 7).

curso que é *mitológico* – discursos mitológicos no sentido que serem a *vera narratio*, narrando como as coisas estão arranjadas para nós no plano da alma. Queremos escutar a narrativa que é contada de boca fechada para podermos ter acesso ao que quer a alma.

Todavia, um dos aspectos interessantes dos mitos é que eles não se dão a conhecer. Quando achamos que entendemos alguma coisa, a perdemos; quando achamos que conseguimos fazer alguma ligação entre uma coisa e outra, no momento seguinte essa ligação se desfaz ou se contradiz. Isso, para dizê-lo novamente, arranca-nos do caminho das certezas, que não comporta ambiguidades, antinomias, paradoxos, dúvidas, duplicidades. Coloca-nos na direção de desenvolvermos uma sensibilidade mítica. Estudamos o mito, portanto, não em busca de explicações sobre os grandes mistérios, mas para abrirmos nossa sensibilidade ao mito. Estudamos os mitos para que ocorra o que a psique parece desejar, pois ela não quer explicações, quer, ao contrário, ser provocada, excitada, convocada, desafiada, divertida.

* * *

Podemos recuperar três observações interessantes para entender como os deuses estão entre nós. A primeira é de Karl Kerényi, que sugeria que os deuses são estilos de existências. A segunda, um ensinamento de James Hillman, os deuses são estilos de consciência. Os deuses são os modos como as coisas estão acontecendo. E há ainda uma terceira observação, também de Hillman, que não podemos deixar de mencionar: "os deuses são lugares"[33]. O que a mente grega nos dá, de um valor extraordinário, é ter percebido que a vida tem aspectos fundamentais, perenes, que as coisas acontecem de diversas maneiras, bem particularizadas, que são presenças no mundo, modos como o mundo se organiza. A isso eles deram o nome de deuses.

3 Re-imaginar os deuses

Entendo os estudos que se seguem como provocações imaginativas. Servem para buscarmos *imaginar* as divindades, num exercício próprio da imaginação, porque as divindades precisam ser imaginadas, ou re-imaginadas. Essa é mais uma importante observação de James Hillman: pertencentes a uma cultura monoteísta, perdemos a capacidade de imaginar divindades. A única divindade que precisamos imaginar já nos é entregue mais ou menos pronta, e vem com um "manual de instruções", digamos,

---

33. HILLMAN. *UE*, 1, p. 43.

os *evangelhos*, os livros que dizem tudo que precisamos fazer. Aqui está a citação completa:

> Hoje em dia não sabemos muito como imaginar divindades. Perdemos a imaginação angelical e sua proteção angelical. Desapareceu de todos os currículos – teológicos, filosóficos, estéticos. Essa perda pode ser mais perigosa que a guerra ou o apocalipse, pois ela resulta em literalismo, causa de ambos[34].

De seu lado, a Grécia antiga, e a maioria das culturas politeístas, não possui um livro (como nós, de religiões alfabéticas, "regidas pela imutabilidade da escrita"[35]), nem mesmo sacerdotes em contato direto com o público, ou seja, intermediários, e só temos acesso aos deuses que os gregos antigos cultuavam e suas histórias (o que chamamos de mitologia como um *corpus* móvel) por meio da poesia. Portanto, não há uma teologia propriamente dita. Sabemos que o mito grego nos chegou mais tarde pela obra de poetas, como Homero e Hesíodo, e dos trágicos, Eurípedes, Sófocles e Ésquilo. Chegou-nos via arte, via poema, e também pela pintura, nos vasos, nas hídrias, que também são narrativas. Sem livro, isso faz com que os sujeitos

---

34. HILLMAN. "Guerras, armas, Áries, Marte". *Cidade e alma*. Trad. de Gustavo Barcellos e Lucia Rosenberg. São Paulo: Studio Nobel, 1993, p. 138.

35. RISÉRIO, A. *Oriki Orixa*. São Paulo: Perspectiva, 1996, p. 63.

precisem imaginar as suas divindades constantemente, que vão se "aprontando" à medida que são imaginadas. O conhecimento das divindades, ou da divindade, se quisermos usar o singular, dá-se por meio da imaginação. Imaginar é um modo de conhecer, uma via de percepção.

Como sustenta Hillman, ao perdemos a capacidade de imaginar as divindades, perdemos a proteção que imaginá-las nos proporciona. Este é um ponto importante: sem imaginação, ficamos perdidos, à deriva. Corre-se o perigo dessas forças que nos compõem assumirem as direções daquilo que fazemos, pois estamos inconscientes delas. Quanto menor a capacidade imaginativa, mais o sujeito está vulnerável. A importância de imaginarmos as divindades vai no sentido de nos protegermos com relação a essas forças, pois elas, que nos são apresentadas por essas divindades, com esses nomes e essas faces, são muito anteriores a nós. Podem ser terríveis ou amigáveis. A maneira que temos de melhor nos relacionarmos com elas é, contudo, imaginá-las.

* * *

Já que os helenistas e os mitólogos estão bem próximos de nós com seus ensinamentos, gostaria de usar uma citação, à guisa também de introdução, de ninguém mais ninguém menos que Joseph Campbell, personalidade da maior importância não só para os estudos mitológicos como também para a psicologia. Essa citação traduz para mim a perspectiva que quero explorar, pois me parece colocar o estudo da mitologia no lugar em que gostaria que estivéssemos para falar do mito:

> Os deuses são metáforas transparentes à transcendência. E minha compreensão do modo mitológico é que as divindades, e até mesmo as pessoas, devem ser compreendidas nesse sentido, como metáforas. É uma compreensão poética[36].

Campbell quer nos dizer que entendia as narrativas mitológicas como poéticas. Entende que o modo prosaico de se compreender a mitologia e de se relacionar com os deuses chama-se teologia. Não buscamos aqui fazer teologia, mas sim psicologia, e a mitologia se encaixa no modo poético. Isso me faz compreender que a mitologia está mais próxima da alma, enquanto a teologia está mais próxima do espírito; coloca a teologia como uma disciplina do espírito, e a mitologia como uma atividade da alma, ou melhor, para a alma – então já estamos num campo a que bem podemos chamar de psicologia. A mitologia

---

36. CAMPBELL. Op. cit., p. 101.

está para a poesia como a teologia está para a prosa. A mitologia está para a metáfora como a teologia está para a espiritualidade.

Campbell identifica o modo teológico como prosaico, e o modo mitológico como poético. Estamos falando apenas de duas modalidades. Para mim, isso entrega uma compreensão de que podemos fazer, como já sugeri, uma *mitologia da alma*. Claro que é possível fazermos uma mitologia do espírito, onde vamos compreender que os mitos estão falando de deuses que têm uma existência positiva, poderes com relação aos quais devemos ter uma relação de culto, de ritual, de crença, de obrigações, aquelas atitudes que caracterizam a relação religiosa com o divino. Interessa-nos a psicologia que os deuses nos entregam, não saber se existem ou não existem.

Para usar uma linguagem agora pouco poética, os deuses são "processos psíquicos", metáforas para realidades psicológicas. Quando examinamos Afrodite, por exemplo, temos toda a possibilidade de ter acesso a uma diferenciada e bastante complexa psicologia das realidades do amor, de como estão os processos amorosos em nós, ou mesmo como eles se dão no mundo. E no caso de Afrodite, não se trata apenas dos processos amorosos, mas dos processos da atração e do rechaço, da beleza e da feiura, da sedução e da rejeição. Não queremos saber se Afrodite existe ou não existe, colocá-la num altar e rezar três vezes por dia para ela. Essa seria uma relação espiritual. Aquilo em que insisto é que possamos manter uma relação psicológica com os deuses, enxergando neles a alma.

A imagem que está na citação de Campbell é enigmática, e imagens desse tipo agradam, pois não é preciso decifrar enigmas, mas apenas observá-los. O enigma decifrado é um enigma perdido. O enigma, antes de ser decifrado, permanece vivo, operando em nós, algo da ordem do poético. Coloca-nos pensando, refletindo; algo está trabalhando em nós, que se mostra e se esconde ao mesmo tempo, sugere, provoca, cria imagens. Acho essa imagem também encantadora, e grande parte do seu encanto é justamente ser, em alguma medida, incompreensível. O modo poético é assim: se lemos um poema e o entendemos, o poema é ruim; o bom poema é aquele que não entendemos completamente.

É claro que o gênero prosaico pode estar no poema, e também o gênero poético pode estar na narrativa em prosa. Mas estamos falando de um modo de proceder, um estilo de pensamento, o pensamento mítico.

1
ZEUS E HERA

Assim o relâmpago que ilumina olha.
Gaston Bachelard. *A água e os sonhos,* 1942.

1 Zeus ajunta-nuvens

A partir da ideia de que os reais sentidos dos deuses aparecem nas relações, está claro que a relação de casal mais paradigmática na mítica grega antiga é a de Zeus e Hera. Eles apresentam o paradigma maior de uma relação do tipo *casamento*. Na religiosidade grega antiga, no mundo mitopoético grego, são as divindades mais complexas. É o zênite do espírito mítico grego. Estão equacionados no mesmo patamar, os dois são importantes igualmente. Trata-se, evidentemente, sob vários pontos de vista, de um casamento problemático, não funcional. Eles brigam quase o tempo todo, enganam-se, há jogos de poder, há enganos, truques, trapaças, mentiras, traição, brigas (até físicas – há uma briga em que ele a dependura de cabeça para baixo, atando-a com correntes pelos pulsos e a suspendendo com bigornas presas nos pés) e, claro, amor. Essa é a imagem arquetípica do casamento para os gregos. Brigam também por causa de filhos; ela tem filhos sozinha, ele também. Ele a trai constantemente. Essa é a complexidade do casamento divino apresentado pelos gregos. Trata-se de uma família problemática. Zeus é um pai de família, *pater familias*, a família olímpica, que é uma organização patriarcal.

Zeus e Hera: o mais celebrado dos pares míticos gregos. Eles são, principalmente, uma imagem do poder; são, inicialmente, poderosos, a própria imagem do que seja o poder. São chamados de rei e rainha. Zeus é chamado pai dos deuses e dos homens[37]. Algo, portanto, que caracteriza fundamentalmente Zeus é a paternidade, mas há uma compreensão de paternidade muito específica na figura

---

37. "Seja lá o que for que se tenha pensado nos priscos tempos a respeito da origem dos deuses, na religião olímpica há um deus, o celeste Zeus, que é Pai no sentido pleno da palavra" (OTTO, W. *Teofania: o espírito da religião dos gregos antigos*. Trad. de Ordep Serra. São Paulo: Odysseus, 2006, p. 116).

de Zeus. Ele não é um pai cronológico, no sentido de um desenrolar sequencial; ele não é a paternidade como princípio genealógico, mas no sentido generativo, pois ele é quem gera todas as coisas. Os gregos dizem que tudo que existe saiu da cabeça de Zeus; o mundo é o que Zeus está imaginando, o que ele está meditando.

O *Hino órfico 15* a Zeus, chamado *Perfume de Zeus*, diz nas suas três primeiras linhas:

> Ó Zeus muito venerado, perene, esta prece a ti
> Em testemunho votamos de adoração salutar.
> Ó Rei, de tua cabeça raiou o divino todo...[38]

O que está sendo dito aqui é que o mundo é uma irradiação de Zeus; isto é, o mundo raia a partir dele. Zeus é o raio. E o mundo fenomenal é o que raia a partir de sua cabeça. É o que ele irradia. O raio é fundamentalmente luz, ilumina. Alguns filólogos aceitam, na etimologia da palavra Zeus (Ζεύς), uma correlação com um antigo radical indo-europeu da palavra *díos* (Διός), que significa brilhar, claridade, como o dia, indicando já que ele era um deus celestial, do céu diurno. Então Zeus é o dia, iluminação, brilho e, ainda mais especificamente, o raio, a força que lança luz sobre tudo. Ordep Serra confirma: "o

---

38. SERRA, O. *Hinos órficos: perfumes.* Trad. Intr., comentário e notas de Ordep Serra. São Paulo: Odysseus, 2015, p. 153.

mundo irradia da cabeça de Zeus"[39]. Ele também diz em uma outra observação: "procedendo da cabeça de Zeus, raia o Cosmo"[40]. Todo cosmo é um fenômeno da luz, e Zeus é esse fenômeno, que tem a ver com nossa capacidade de criar e compreender as coisas. Ao entendermos isso de forma metafórica, evidentemente estamos diante de uma força arquetípica. Em outras palavras, sempre que lançamos luz sobre uma realidade, criamos um mundo. Criar um mundo é análogo ou simultâneo a lançar algum tipo de luz. Nossa capacidade de criarmos os nossos mundos vem dessa energia psíquica, dessa fonte que os gregos chamaram de Zeus. E isso só pode acontecer se houver fundamentalmente duas características predominantes: ordem e justiça. Zeus é um deus cosmológico, pois ele é a própria capacidade de criar *cosmoi*. Cosmos quer dizer mundo ordenado. Só podemos chamar de cosmo-mundo algo que tem uma ordenação interna. E porque tem uma ordenação interna, tem justiça. A palavra justiça para os gregos refere-se fundamentalmente ao fato de tudo estar no seu lugar, formando arranjo. Isto é, a ideia aqui é que, se as coisas estão no seu lugar, isso é justo. Assim, injustiça é algo estar *fora* do seu lugar. Ora, o arranjo só é ordenado porque as coisas estão nos seus lugares.

---

39. Ibid., p. 404, nota 106.

40. Ibid., p. 404.

Assim, o mundo (*kosmos*) é o que pensa (*noûs*) Zeus, pois o mundo vem à luz a partir da sua mente, o que quer dizer que Zeus "meditou" o mundo, ele o "imaginou". O mundo, segundo a compreensão de Serra, é o resultado de uma "operação da inteligência de Zeus"[41].

Hera é uma deusa mais antiga do que Zeus, uma deusa indígena, nativa da Grécia, com registro de cultos anteriores ao século VIII a.C. Aquilo que apareceu como Hera para os gregos já é uma elaboração posterior muito complexa de deusas do período micênico, da Idade do Bronze, do Neolítico, sociedades matriarcais, onde a ideia de deus é mulher. Joseph Campbell[42] ajuda-nos a compreender que essas sociedades matriarcais olham o sol, e o sol faz um percurso redondo no céu. Se o sol traça um desenho redondo sobre nós, e precisamos dele para a vida, compreende-se estarmos dentro de um útero, dentro de um continente. Isso é materno. A lógica matriarcal, em termos muito rudimentares, é essa: se estamos na terra, e a terra é o que nos nutre, o que nos dá a vida, então a instância mais importante do divino é de valor feminino-materno. Ao invadirem a Grécia, sabemos que os indo-europeus

---

41. Ibid., p. 414.

42. CAMPBELL, J. *Goddesses: mysteries of the feminine divine*. Ed. de S. Rossi e Joseph Campbell Foundation. California: New World Library, 2013.

introduzem uma lógica patriarcal, uma longa história, e que Zeus, a principal divindade masculina dos gregos, descende de um deus guerreiro tipicamente indo-europeu[43]. É então que Zeus entra na Grécia e se constitui uma família patriarcal.

Zeus e Hera constituem essa família, moram num lugar especial, que é o Monte Olimpo, onde estão rindo o tempo todo junto aos outros deuses, não envelhecem, não adoecem, têm a beleza e o frescor eternos dos bem-aventurados. Segundo Karl Kerényi, o modelo patriarcal é um triângulo: Pai, Filho e Esposa. Para a constituição dessa família, o filho é mais importante que a esposa. A constituição dessa família pressupõe, acima de tudo, um pai, que só é pai de fato se houver um primogênito, se houver um herdeiro. O que caracteriza a lógica patriarcal é a herança, é a possibilidade de continuar a casa, de continuar a dinastia. E isso se dá em razão de um herdeiro, porque há um "príncipe". O filho é legítimo porque ele pode continuar o legado, a instituição. Então ele é absolutamente necessário. É o herdeiro que dá continuidade. No entanto, no caso de Zeus, nesse mito, algo muito curioso acontece,

---

43. Cf. GIMBUTAS, M. *The Living Goddesses*. CA: University of California Press, 2001, esp. o capítulo "The Greek Religion".

pois no triângulo, há Zeus (que é o pai) e Hera (que é a esposa), mas não há um filho propriamente herdeiro. O filho, o herdeiro autêntico, é Apolo, que é filho dele com uma outra mulher, está em outra família, uma família matriarcal: Leto (a mãe), Apolo e Ártemis (os filhos). Há, portanto, curiosamente, uma intersecção de dois triângulos. Para que Apolo seja o príncipe herdeiro, é preciso que haja essa intersecção, de um triângulo patriarcal com outro matriarcal. O patriarcal é Zeus, Hera e Apolo; e o matriarcal é Leto, Ártemis e Apolo. Leto é a chefe dessa família. Portanto, o filho é, vamos dizer assim, "bastardo"[44]. Entretanto, não existe essa categoria, propriamente dita. Kerényi confirma:

> Aquele que não tem um filho, ou seja, um "príncipe" ou um "herdeiro do trono" ao seu lado, não é propriamente um pai numa família patriarcal[45].

---

44. Tão certa, contudo, é, por outro lado, sua legitimidade, que sabemos que é seu pai quem de fato fala nos templos de Apolo: "Febo é o único que conhece os desígnios de Zeus e os exprime em seus oráculos" (SERRA, O. "Apresentação". *Hinos homéricos: hinos I e do VI ao XXXIII*. Trad., intr. e notas de Luiz Alberto Machado Cabral. São Paulo: Odysseus, 2010, p. 23).

45. KERENYI, K. *Zeus and Hera: Archetypal Image of Father, Husband, and Wife*. Princeton: Princeton University Press, 1975, p. 50 [Bollingen Series, LXV-5].

Sim, Leto tem com Zeus seus dois filhos, Apolo e Ártemis, mas ela é uma mulher sozinha, que cria filhos sozinha, longe do pai. Este, na verdade, volta para o Olimpo, deixa-a e volta para casa.

Kerényi também nos ajuda a compreender que essa sociedade dos olímpicos, essa família de deuses cujo pai e rei é Zeus, além de patriarcal, é aristocrática, monárquica[46]. A república e a democracia servem como modelo apenas para os mortais. Os humanos vivem republicanamente. Os deuses são aristocratas, são nobres. No Olimpo, prevalece o reinado, enquanto a vida na terra deve ser vivida em repúblicas. Certamente, a república é uma realidade arquetípica também, mas não é para os deuses. Estes vivem monarquicamente. É curioso: a maneira com que os gregos imaginaram o divino é em termos monárquicos.

* * *

Vamos evocar Zeus. Seu epíteto mais importante, entre tantos, é "pai dos deuses e dos homens" (*patēr andrōn te*

---

46. "[Zeus] é, ao mesmo tempo, 'pai' e 'senhor' dos demais deuses, ou seja, sua supremacia abrange tanto a esfera patriarcal como a esfera monárquica" (RIBEIRO JR., W.A. Introdução. *Hinos homéricos*. Trad., notas e estudo de Edvanda Bonavina da Rosa et al. Ed. e org. de Wilson Alves Ribeiro Jr. São Paulo: Unesp, 2010, p. 70).

theōn te), *Zeus Pater*[47]. Há, no mito grego, como se sabe, uma importante transição de três reinados[48] – Urano, Crono e Zeus – três gerações de deuses soberanos (de novo, um triângulo), numa crescente sofisticação até advir o mundo de Zeus, que é o grau mais avançado a que chegou a imaginação mítica grega. Ele é a nova era, a nova lógica

---

47. Aqui estão todos os seus epítetos: Agoraios (do Mercado), Aigiokhos (Portador da Égide), Aliterios (Limpo de Transgressões), Basileus (Rei), Boulaios (do Conselho), Eleutherios (Libertador), Epidotes (Generoso), Erigdoupos (dos Altos Trovões), Eunemos (dos Ventos Calmos), Euboulos (Bom Conselheiro), Gamelios (do Casamento), Hellenios (dos Gregos), Heraios (de Hera), Herkeios (Guardião da Cerca), Hersos (Criança Divina), Hiksios (Protetor dos Suplicantes), Horkos (dos Juramentos), Hupatos (o Mais Alto), Hypsistos (do Céu), Kappotas (o que Verte para Baixo), Kataibates (o que Desce como Raio), Katakhthonios (o Subterrâneo), Kathatsios (o Purificador), Keraunos (Raio), Kharmon (o que se Rejubila), Khthonios (Ctônico, Kretogenes (Nascido em Creta), Kronides (Filho de Cronos), Ktesios (que Protege as Provisões), Lukaios (do Lobo), Maimaktes (Tempestuoso), Meilikhios (Gentil), Nephelegereta (o Ajunta Nuvens), Olumpios (Olimpiano), Ombrios (da Chuva), Ourios (o que Envia Bons Ventos), Pater (Pai), Phanter (o que Sinaliza), Philios (Amistoso), Phratrios (da Frátria), Polieus (da Cidade), Soter (Salvador), Sthenios (Poderoso), Tallaios (Sol), Teleios (Realizador), Tropaios (do Monumento de Batalha), Xenios (Protetor dos Estrangeiros).

48. Os reinados e as linhagens são três, mas "o mundo, de que falam as Musas, mostra, em todos os sentidos, o sentido de Zeus, que se revela como uma unidade complexa com suas quatro fases e quatro zonas, constituídas por quatro diversas linhagens divinas, cujos seres são bem e sabiamente definidos por Zeus mediante quatro combates" (TORRANO, J. *O sentido de Zeus: o mito do mundo e o modo mítico de ser no mundo*. São Paulo: Iluminuras, 1996, p. 28-37).

do mundo e do tempo. O poder que ele exerce é muito mais complexo que os anteriores porque é, em muitos sentidos, mais justo e mais ordenado. A era é nova porque traz características muito mais sofisticadas do que havia nas anteriores; traz a racionalidade, a aplicação da justiça, a ordem e a luz. Donald Cowan, um dos fundadores do The Dallas Institute of Humanities and Culture, professor de literatura, diz o seguinte num artigo sobre Zeus, que nos ajuda a entender esse passo:

> O reinado de Zeus representa a chegada do intelecto à divindade; seu triunfo sobre os Titãs significa o fim da força bruta como paradigma para o cosmos[49].

Um mundo guiado pela inteligência e não mais pela brutalidade, pela selvageria, pelo embate de forças primitivas.

Com Zeus chega ao mundo uma inteligência, o procedimento racional sobre todas as coisas. Racional aqui no sentido grego, não no sentido de um intelecto limitado a ser apenas uma operação mental. Quando os gregos falam de razão – ou aquilo a que os gregos se referem e que traduzimos pela palavra razão, ou intelecto – usam a palavra *noûs* (*νοῦς*) (percepção, lucidez, mente ou espírito), que é muito mais do que aquilo que enxergamos com a pa-

---

49. COWAN, D. "Zeus". *The Olympians*. Ed. de Joanne Stroud. Dalas: The Dallas Institute of Humanities and Culture, 1995, p. 4.

lavra intelecto; é a possibilidade da ação da inteligência sobre todas as coisas. *Noûs*, princípio cósmico inteligente, mente, razão, é a racionalidade completa, a lógica, a sofisticação do pensamento, o intelecto perceptível, a possibilidade de compreensão de todas as coisas. *Noûs* é o que se passa na mente. Ora, a ação de Zeus é uma ação iluminadora. A iluminação acontece por um processo muito complexo que envolve diversas habilidades, mas que, para nós, resume-se nessa ideia a que os gregos dão a palavra *noûs*. *Noûs* é a iluminação ocidental.

Jaa Torrano, em seu comentário sobre a *Teogonia*, nos diz: "Zeus se caracteriza pela vontade centrada no espírito;" "o que constitui a essência das suas ações é serem fundadas e centradas no espírito". Numa outra frase, diz ainda: "própria de Zeus é a grande percepção"[50]. É o reinado do espírito, razão de sua imagem de fecundador extremo: Zeus teve 52 mulheres e 114 filhos, a metáfora do criador de mundos. Ele é o pai, o patriarca no sentido da paternidade, o pai arquetípico. Ele é o pai que povoa o mundo, que fertiliza o mundo, que faz as coisas surgirem. É preciso reconhecer essa energia. Hillman sustenta que a figura de Zeus constrói-se

---

50. Jaa Torrano, apud HESÍODO. *Teogonia: a origem dos deuses*. Estudo e trad. de Jaa Torrano. São Paulo: Iluminuras, 2007, p. 65 e 54.

não pela sua força, seus raios, sua inteligência astuta, nem sua lei e justiça, mas, ao invés, sua imaginação ampla. Quando observamos suas dúzias de parcerias e sua progenitura – Apolo, Hermes, Dioniso, Hércules, Perseu, Ártemis, Atena, e tantos outros – ele claramente pode imaginar essas possibilidades existenciais, esses estilos de consciência. O escopo de sua fantasia era abrangente, amplo, generoso, e diferenciado[51].

Se "os filhos já estão (implícitos) nos pais assim como os pais estão (explícitos) nos filhos"[52], imagine-se essa potência criadora. A fantasia zeuziana é aquela que cria mundos em nós. Ele é pai no sentido de fecundador, fundador, fundamento. Os deuses o chamam de pai, mas reconhecendo o seu papel gerador e sua função governante.

É preciso ainda reconhecer, com Brandão, que a razão para tantos casamentos, aventuras e tamanha prole, "obedece antes do mais a um critério religioso (a fertilização da terra por um deus celeste), e, depois, a um critério político: unindo-se a certas deusas locais pré-helênicas, Zeus consuma a unificação e o sincretismo que hão de fazer da religião grega um calidoscópio de crenças, cujo chefe e

---

51. HILLMAN. "...and Huge is Ugly: Zeus and the Titans" (*UE*, 6, p. 148).

52. TORRANO. Op. cit., p. 57-58.

guardião é o próprio Zeus"[53]. *Zeus Pan-helenios* unindo um estado fragmentado.

* * *

Sua capacidade intelectual, sua aplicação da justiça e da providência, torna nosso assunto mais complexo, pois são qualificadores também da divindade monoteísta. Assim, o perigo está em entendermos Zeus de modo monoteísta, o que seria um erro, pois ele é *primus inter pares*. Zeus quase representa, digamos, um monoteísmo dentro do politeísmo, uma observação de Kerényi[54]. Quando penso em Zeus, percebo que o perigo está em sombrear o politeísmo, e algumas escolas alemãs falam de um impulso monoteísta dentro do politeísmo.

Kerényi diz que a religião grega é a religião de Zeus. Ele é o único deus propriamente pan-helênico, chamado *pan-*

---

53. BRANDÃO, J.S. *Dicionário Mítico-etimológico da Mitologia grega.* Petrópolis: Vozes, 2014, p. 634.

54. Já uma observação, de caráter mais amplo, de Walter Otto, contempla que "o politeísmo da religião grega, que escandaliza os fiéis de outras religiões, não se contrapõe ao monoteísmo; ao contrário, é, talvez, sua forma mais sutil" (OTTO, W. *Teofania: o espírito da religião dos gregos antigos.* Trad. de Ordep Serra. São Paulo: Odysseus, 2006, p. 114).

-helenios, o deus de todos os gregos. Ele está na Grécia inteira. Como ele enxerga tudo e todos, enxerga os homens e os deuses, é aquela instância que enxerga o quadro todo.

Esse é o reinado de Zeus, que terá sua contraparte em Hera, pois, para que aconteça, é necessária uma qualidade que só Hera traz: *legitimidade*. Isso tudo tem que ser legítimo. Aqui, um deus "entra" no outro. Hera é quem traz a possibilidade do legítimo. Falaremos mais adiante de Hera e a legitimidade. O importante é percebermos que a chegada de Zeus é a de uma era que simboliza e marca a conquista total final da animalidade, de certa forma ainda presente em deuses e figuras anteriores. Hera também significa algo dessa natureza.

* * *

Falar de Zeus já nos coloca num modo superlativo, dentro da imaginação da superioridade, das alturas, dos cimos, da psicologia de tudo aquilo que é ou está na ordem da supremacia (*highness*), daquilo que está em cima, num cume, num pico, ou, em última instância, no céu, e que, do alto, desce, precipita-se. E a própria linguagem começa a se modificar e assumir palavras e adjetivos superlativos: ele é o supremo, a superioridade, a soberania. Ele é soberano, chefe, e aqui se trata de realeza. Zeus é a divindade suprema no sentido de que tudo o que existe, toda a vida, é ele quem cria, organiza, e, de novo, esse é o sentido do pai, que cria o mundo, a realidade, aquele que gera. Vejam mais uma vez o que Donald Cowan diz, e aqui temos que pensar nos níveis de Zeus em nós: "Zeus é o princípio gerador que sustenta a história, que a magnifica e que lhe dá a forma. Seu pai, Cronos, pode ter começado o tempo, mas é Zeus que engendra a história"[55]. A história já é uma articulação do tempo, já é o tempo imaginado. Assim é que se entende que ele é o pai, o rei. Mas a mitologia não procede de forma cronológica. O pai também é uma metáfora, não significa que ele está gerando literalmente, ou seja, o pai aqui não tem, como já referimos, o sentido genealógico, mas generativo. Os mitólogos observam um exemplo interessante com relação ao tempo no mito: Cronos sabia, advertido por um oráculo, que um filho seu o destronaria. Portanto, e todos conhecem essa história, ele vai engolindo os filhos e as filhas à medida que nasciam, para evitar esse perigo; até que nasce Zeus, o último, que ele não engole, pois sua esposa Reia lhe dá uma pedra envolta em fraldas em vez do menino, que es-

---

55. COWAN. op. cit., p. 4.

capa do devoramento, e ele é então destronado. Cumpre-
-se o destino. Pois bem, isso é inicialmente um desígnio
de Zeus, e acontece dessa forma porque ele assim já havia determinado. Ora, cronologicamente isso é impossível, pois como é que se cumpre a determinação de uma criatura que nem nasceu ainda? Mas o pensamento mítico não é cronológico[56]. Tudo sai da mente de Zeus: passado, presente e futuro. Origem, meio e destino. Ele conta a história, e ele a conhece; ele sabe o que nós não sabemos. Ele conhece o princípio – nós não sabemos o princípio; não sabemos de onde viemos. Ele conhece o meio – também não sabemos o que é o meio, o que é exatamente a vida. E ele conhece o fim, sabe qual é o destino de cada um e que vamos em direção à morte. Então, ele é essa instância em nós que conhece o começo, o meio e o fim. Estamos falando de uma superconsciência. Zeus é o paradigma dessa consciência.

---

56. Da mesma forma, em outra chave politeísta, a iorubana, o antropólogo baiano Antonio Risério comenta, em nota semelhante a respeito do tempo mítico, que o ardiloso Exu é "capaz de matar um pássaro ontem com uma pedra que atirou hoje" (RISÉRIO, A. *Oriki Orixá*. São Paulo: Perspectiva, 1996, p. 90). Cf. esse volume de Risério para uma interessante reflexão dos paralelos, aproximações e distanciamentos existentes entre os orixás africanos e os deuses olímpicos gregos, entre o politeísmo na Ática e aquele da África.

Figura 1 Cabeça colossal de um deus

Coleção Ingenheim, mármore, século I d.C.

* * *

Ele é aéreo, o deus meteorológico por definição, pois seus atributos são os da precipitação: o raio, o trovão, o relâmpago, o vento, os tufões, as nuvens, a borrasca, a chuva, os bulcões. Abrimo-nos para uma coleção de imagens aéreas, chuvas de ouro, neve, tempestades, trovejamentos e relâmpagos, estrondos, impulsos, tremores, reviravoltas, altos ideais, tudo aquilo que cai do céu fertilizando a terra. Basta ver também suas metamorfoses e aparições como pássaros, águia, cisne, cuco, grou. Na tradição dos elementos, na astrologia, na alquimia, o ar é o elemento das relações, assim ele rege também os acasalamentos e as ligações, tanto quanto Hera, rege a conjugalidade como relacionamento, a parceria, os amores a dois.

Zeus tonante, Zeus fulminador, Zeus esplendoroso, Zeus fulgurante, Zeus flamejante, Zeus corisco, Zeus pluvioso, Zeus fundamento. Um de seus epítetos mais importantes é "ajunta-nuvens", *Zeus Nephelegereta*, e juntar nuvens, especialmente nuvens pretas, significa tempestade. Ele está no céu, é um deus celestial. Assim ele é um deus do tempo nesse sentido atmosférico, não mais cronológico. Faz chover, e porque faz chover, fertiliza a terra e assim cria o mundo. A chuva permite que exista a vida, e essa chuva é Zeus, aquilo que desce e fertiliza. É o manda-chuva. A vida está sendo criada o tempo todo. É por causa dela que as coisas, neste nosso plano do tempo, existem, criam-se, acontecem, realizam-se, vêm a ser. Ora, essa energia é muito sofisticada, e tem a ver com o espírito, não no sentido religioso, mas no sentido da inteligência, daquilo que é a compreensão clara, precisa de todas as coisas; em parte, é a *métis* (inteligência astuta) que Zeus tem dentro dele, como logo examinaremos. Zeus está em nossas vidas como aquilo que nos anima a criar algo, que realiza as coisas. Zeus é o que se precipita, como a chuva.

Mas seu maior atributo é o mesmo raio, e não é exatamente um atributo, o raio é Zeus. Como a lareira é Héstia, ou o grão é Deméter. Esta é sua principal identidade. É a luz súbita, o clarão ou o relâmpago que, em metáfora, nos faz compreender de forma total ou totalizante algo em particular, é *Zeus Phanaios*. Esta compreensão é fulgurante, instantânea, momentânea – e sabemos que as maiores compreensões se perdem, são efêmeras. Precisamos muito desses clarões. Ele é a possibilidade de iluminação, é o iluminador e a iluminação ao mesmo tempo. Melhor dizendo, este é o momento do *insight*, a compreensão clara, inteligente, o "súbito ver", que nos aproxima de algo. É o paradigma de um tipo de consciência. O raio é também uma arma, lembre-se, e Zeus assim também é aquele que fulmina – o que lhe atesta o poder: "a morte súbita vindo do Céu"[57]. Uma consciência clara pode ser tanto organizadora de mundos – fazendo um mundo raiar – quanto pode destruir o mundo, ou alguns aspectos do mundo. Essas contradições, essas tensões, são próprias dos deuses.

---

57. DETIENNE, M.; VERNANT, J.-P. *Métis: as astúcias da inteligencia*. Trad. de Filomena Hirata. São Paulo: Odysseus, 2008, p. 78. É a "trança de fogo com que Zeus fustiga seus inimigos. São, de início, as imagens de desordem cósmica; o ar abrasa-se, as ondas, o oceano fervem, a terra, o mar, o céu desmoronam um sobre o outro; o Tártaro treme, por sua vez, abalado; todas as regiões diversas do cosmos, todos os elementos encontram-se de novo misturados numa confusão semelhante ao caos primordial" (p. 78). Tal é o poder do raio de Zeus.

O que encontramos no mito são tensões. Tensões são libido. Essa é a tensão que está no raio de Zeus.

Porque está no céu, ele tem a visão ampliada. Ele está vendo de cima, tem uma visão superior. Aqui reaparecem superioridade, soberania, supremo, todos esses adjetivos do alto, de tudo aquilo que está na ordem da supremacia, acima, num cume, num cimo. Ele mora nas montanhas, e quase todas suas histórias passam-se entre picos, de um para o outro. Neste ponto ele é novamente a própria ideia de superioridade, de visão mais ampla.

Os ideais que estão em Zeus, e tudo que ele trouxe para a civilização grega, são aqueles de uma complexidade, beleza e superioridade que escapam, inclusive, a nossa percepção humana. Zeus se confunde com a imagem dessa civilização; ele é o reflexo, o espelho, a apresentação desses ideais que são conhecimento, racionalidade, ordem, civismo, luz, compreensão, juventude, beleza, cosmo (no sentido de algo ordenado), instituições, justiça – o poder que institui todas as coisas e que faz com que elas se organizem em harmonia. Harmonia aqui no sentido de um encaixe, pois a palavra *harma* em grego significa ajustamento, juntura, articulação, acordo, um encaixe justo das coisas – no sentido tanto físico, porque está ajustado, quanto de justiça, justo também do ponto de vista moral, ético, político, existencial, emocional. Todas essas ideias estão entrelaçadas, e são apresentadas para os gregos pela figura e nas imagens dessa divindade.

O poder de Zeus é aquele do regente, do rei. É ele quem determina as coisas. Mas, ainda mais do que determinar, ele principalmente as distribui. Ele é o distribuidor, muito diferente do deus monoteísta, que é, geralmente, um unificador[58]. Zeus distribui as tarefas, as funções, os desígnios de homens e de deuses: "Nessa partilha, assegura o equilíbrio do mundo, sustenta e realiza a justiça"[59]. O politeísmo é tão complexo que alguém tinha que encarnar a ideia de poder, de soberania, de governança e de unificação. Mas, no fundo, ele não é o unificador; ele pode apresentar uma ideia de unidade, mas não é unificador. Essa é uma diferença fundamental entre o pai judaico-cristão e o pai politeísta. O pai dos monoteísmos traz tudo para si. O pai politeísta, apresentado como está por Zeus, ao contrário, mostra que as coisas saem dele, pois ele imagina e cria o mundo constantemente, distribuindo as competências.

---

58. "O estabelecimento de uma ordem fundada sobre uma justa distribuição de funções e de privilégios supõe a derrota destes deuses primordiais que são, em sua violência, os Titãs. [...] É a um arranjo novo que Zeus preside" (Ibid., p. 95).

59. SERRA, O. "Apresentação". *Hinos homéricos: hinos I e do VI ao XXXIII*. Trad., intr. e notas de Luiz Alberto Machado Cabral. São Paulo: Odysseus, 2010, p. 23.

Ele reina no céu
tendo consigo o trovão e o raio flamante
venceu no poder o pai Crono, e aos imortais
bem distribuiu e indicou cada honra[60].

Dessa maneira, Zeus entrega-nos uma psicologia do poder, pois é a imagem do poder real, assim como os gregos antigos imaginaram o poder. Essa imagem evidentemente se corrobora com sua posição de rei (como Hera de rainha), *Zeus Basileus* sentado no trono. O poder é sempre superior. Zeus nos entrega essa realidade de que a lógica natural do poder é descer, precipitar-se como a chuva. O poder desce; qualquer poder – político, pessoal, institucional. Sua lógica é descendente. O poder é sempre algo grave, exposto à gravidade, vem quase sempre de cima para baixo. Precipita-se. Poder é sempre algo que sofre precipitação, como os temporais, como o raio – o que está implícito nessas imagens de Zeus. Esses seus atributos são uma maneira, por meio da imagem, de se compreender o poder. É a lógica da precipitação. O poder é precipitado de cima para baixo, tem sua origem nas alturas e de lá se derrama com gravidade. Não sobe, o poder legítimo sempre desce. Segundo o mito, a lógica de tudo o que é supremo – o Supremo Tribunal Federal, a Suprema Cor-

---

60. HESÍODO. *Teogonia: a origem dos deuses*. Estudo e trad. de Jaa Torrano. São Paulo: Iluminuras, 2007, versos 71-74, p. 106-107.

te, o Senado, a Presidência, os Conselhos – de tudo o que é a última instância do poder, assim como as legislações (que têm o poder de ordenar o mundo), é que se precipite, que desça[61]. O movimento ascendente, ao contrário, é o movimento da transcendência. A precipitação é a lógica de Zeus; é como ele funciona: *Zeus Kappotas* (o que verte para baixo), *Zeus Kataibates* (o que desce como raio).

O poder que não está estruturado por leis que garantam a justiça é autoritarismo. Falamos do poder de organizar algo, uma sociedade, uma vida, um projeto, um amor. O exercício do poder, quando é real no sentido de verdadeiro, fertiliza. A partir da imagem de Zeus, essa é uma ideia arquetípica do poder.

O poder de Zeus encontra *eros*, pois é um poder que fertiliza, que se relaciona, conecta. Há toda sua contraparte que se une a Hera, que não existe sem ela, um casal arquetípico. Há um desejo embutido em cada figura mítica. Na figura de Zeus, o desejo é muito aparente. Ele se apaixona o tempo todo, está sempre gamado, *Zeus Gamelios*. O desejo participa desse estilo de consciência. Gamar-se, unir-se para criar, está presente na figura de

---

61. Podemos, claro, contrastar poder e potencial. Potencial é algo que almeja o alto, enquanto o poder desce do alto. Tudo o que é potencial almeja subir, é sempre uma aspiração, é promessa, é ascendente. Almeja despertar. Sendo uma aspiração, tem um movimento ascendente.

Zeus. Ele transa com todos – mulheres, homens, mortais, ninfas, deusas. É um pan-erotismo. E muito do que interessa em suas ligações é a procriação. Criar um mundo, criar prole.

* * *

Devemos examinar as maneiras como Zeus se precipita, as diversas formas de precipitação do poder. Vários são seus estilos. As precipitações podem se dar por inúmeras vias, ter várias qualidades; como exemplos, a generosidade, a prosperidade, a aplicação da justiça, a ideia de ordem e de lei: todas precipitações do poder, maneiras que tem de descer à terra, ao elemento comum. Essa direção, que cai, em Zeus tem a ver com criatividade, fertilidade, e ainda com dádiva, pois ele é o dadivoso, *Zeus Epidotes*. O poder só é real – real no sentido de realista, e também no sentido de *royal*, relativo à realeza, à imagem arquetípica do rei – se descer para a aplicação da justiça, da lei, da ordem, se é capaz de criar um *kosmos*. Zeus é o criador de *kosmoi*. Se temos, cada um de nós, um mundo minimamente organizado, devemos isso a ele. É Zeus em nós que faz isso. Sem ele não há cosmo, não há ordem, não há mundo. Mas, ainda assim, Zeus não é a lei propriamente dita; é, antes, o *espírito da lei*. Só existe um cosmo se houver uma legislação, uma ordem interna. Desse ponto de vista, lei é aquilo que está cuidando de todas as coisas. Sem lei, as coisas estão descuidadas, estão "caotizadas". Essa é uma metáfora interessante para diversos níveis das nossas existências psicológicas. Zeus é essa aparição do espírito da ordem. Essa é a maneira que ele tem de se precipitar. Toda a lei vem de cima para baixo, desce e fertiliza. Como a chuva, como um raio que desce iluminando. As leis, a aplicação da justiça, a dádiva, os talentos todos, a criação de um mundo, tudo isso existe para que haja a vida, pois não há fertilidade sem isso. Do contrário, é o caos, o não ser.

Contudo, de fato Zeus não está no céu. Está vivendo no Monte Olimpo de onde olha a guerra de Troia. Ele é próximo dos homens, está vendo os homens, vendo o que acontece. Não é uma visão de satélite e, portanto, distante, como a do deus monoteísta. O deus monoteísta judaico-cristão não está no alto da montanha, está no céu propriamente, no firmamento. Jeová é firme. É um firmamento. Mas esse pai supremo, esse deus supremo dos gregos, está no alto da montanha olhando-nos de seu palácio olímpico, interessado no que está acontecendo aqui embaixo, envolvendo-se inclusive para alterar as coisas. Ele participa, precipita-se sobre nós, desce e vem até nós. Não somos nós que vamos ao deus, é o deus que vem a nós. Zeus não é, como os deuses dos monoteísmos, uma instância que esteja num céu ilimitado, abstrato, sendo aquilo que se chama em religião de o Altíssimo, algo completamente desprendido do campo da humanidade, do reino terrestre, a não ser como Criador. O alto, a altura de Zeus é aquela do pico de uma montanha. Na maioria dos mitologemas de Zeus, sua "vida social", digamos, dá-se entre picos. Ora ele está no Monte Ida (onde se passa seu conúbio com Hera – cf. *Ilíada*, XIV, 346-351), ora no Monte Olimpo (onde mora), no Monte Acra, no Monte Itome, no Monte Etna (onde eram fabricados seus raios), no Monte Liceu (*Zeus Lukaios*, do lobo, com um santuário ao deus em seu pico), ou no Monte Dícti, em cujas cavernas diz-se que ele foi criado – porque ele *é* o alto da montanha. Portanto, ele está a uma distância razoavelmente próxima dos humanos, da vida terrestre. Não é um deus totalmente destacado. Assim, a onividência que ele apresenta indica saber tudo, conhecer tudo, pois tudo é dele, mas é onividência no sentido do cuidado que ele tem com o mundo, detectando suas desordens. Devemos acessar os níveis daquilo que está representado por Zeus em nós. É um tipo de consciência que nos escapa, que não é nossa consciência habitual, embora seja, evidentemente, uma possibilidade. Aqui estão grandes desafios, porque tudo que falamos de Zeus, insisto, está sempre muito próximo da descrição do deus monoteísta, especialmente o hebraico, o judaico-cristão.

* * *

O olhar em Zeus é importante. Atena, sua filha, herdará esse olhar, e o animal que é seu símbolo é a coruja. São os olhos glaucos, o olho da coruja – *glaux*, coruja em grego. Olhos rútilos, algo esverdeados, um olhar enviado de volta ao pai. A coruja não pisca e enxerga no escuro. Temos que perceber o tipo de consciência que está metaforizada aqui: enxerga no escuro e numa amplitude muito grande. Atena apresenta um nível mais avançado dessa consciência porque ela é a filha do Pai, carrega esse olhar, é sua herdeira. Examinaremos detalhadamente esse olhar, que pertence a essa relação, mais adiante. Hera também tem um olhar. É chamada de "olhos de vaca", "olhos de toura", *Hera Boophis*, seu epíteto mais famoso. Em Hera, esse olho de vaca é um superolhar também. No entanto, paradoxalmente ele é um olho tranquilo. Seu animal é a vaca, não por acaso, porque a vaca transmite essa força serena, esse peso, próprios também da deusa. Walter Otto caracteriza os olhos de vaca de Hera com a seguinte expressão: "majestosa serenidade"[62]. É uma serenidade que é da ordem de uma rainha.

Aqui temos Zeus o espectador, o que olha de cima. Há uma tensão: ele olha de cima, mas não de longe, as ações dos homens na terra. Esse olhar é um conhecer. É aquele olhar que conhece as coisas porque as enxerga, é a própria possibilidade de enxergarmos. É o pai que enxerga. Portanto, podemos dizer que ser pai é sinônimo de enxergar. Quando enxergamos algo, tornamo-nos pai daquilo, já estamos "paternizando" no sentido do cuidado. Porque conhecemos, podemos cuidar, proteger, guiar. Zeus está vendo, ele é mais um espectador, um observador. Isso tem a ver com paternidade como metáfora: nossa capacidade de paternalizar. Essa palavra está sobrecarregada de sentidos morais. Usamos as mesmas palavras que já foram usadas durante dois mil anos de monoteísmo cristão para acessarmos as mesmas realidades psicológicas que o mito está nos mostrando. No mais das vezes, paternalizar tem um sentido negativo na nossa linguagem habitual. Mas estamos querendo chegar ao sentido íntimo da ideia de

---

62. OTTO, W. *Os deuses da Grécia*. Trad. de Ordep Serra. São Paulo: Odysseus, 2005, p. 50.

paternalização que, no mito, tem a ver com o olho, com a capacidade de olhar, pois olhar é conhecer. Esse olhar tem alguma relação também com o imaginar, pois ele imagina a realidade. A partir de Zeus, precisamos reunir olhar com cuidado: cuidar é olhar, olhar é cuidar; dizemos, "vou olhar isso pra você; pode deixar que eu olho isso pra você".

O jeito que tem Zeus de cuidar de sua criação é olhar, guardar. Ele guarda aquilo que cria. Zeus coloca a ideia de paternidade num outro patamar, e nos faz entendê-la psicologicamente. É daí que surge também uma outra ideia, bastante complexa, pois foi secularizada e vivida de uma determinada maneira, o patriarcado. A regência do pai significa também um estado político e um arranjo social, um campo semântico, além de psicológico. Patriarcado é a regência do pai, remete ao pai arquetípico. O pai, como é entendido histórica e sociologicamente, é, via de regra, um elemento opressor. O patriarcado é experimentado como um regime de opressão do masculino sobre o feminino e o mais fraco, sobre a diversidade. Mas a ideia arquetípica de patriarcado é amorosa, embora o amor possa ser terrível também. O vocativo, a apelação de pai para Zeus, só pôde aparecer numa família patriarcal. Zeus é responsável pela chegada de uma determinada ideia de paternidade. Ela só existia do ponto vista procriativo: há os filhos de Crono, os de Urano, e tantos outros. Eles são pais no sentido genealógico; evidentemente os olímpicos são filhos de Crono e de Reia, e depois de Zeus. Contudo, uma ideia mais sofisticada de paternidade chega com Zeus. E ele, diferentemente de seus antecessores, não devora seus filhos, um aspecto não pouco importante que tem a ver com essa nova ideia e esse novo exercício de paternidade. O patriarcado, entretanto, ainda está cronicamente na chave devoradora.

* * *

A psicologia arquetípica trabalha simultaneamente com duas posições, que ampliam duas perspectivas básicas, e que o mito grego propõe como irmãos: Zeus e Hades. Hades significa enxergar as coisas de baixo para cima, a partir de baixo, dos níveis inferiores, e Zeus significa enxergá-las de cima para baixo, a partir de cima, dos níveis superiores. Hades pode representar um nível da alma, da realidade psíquica inconsciente – isto é, enxergar as coisas por meio da alma; e Zeus representa enxergar as coisas por meio da consciência clara, racional e intelectual. As duas se juntam. Vida e morte. E há ainda, claro, o terceiro irmão (outro triângulo), Poseidon, rei dos oceanos, das águas correntes e lagos, que deixa essas perspectivas fluírem, pois há que haver um aspecto de fruição nisso – embora ele mesmo também possa fazer as coisas se agitarem, convulsionarem-se. Nesse momento, temos condições de apreciar essa composição entre Zeus e Hades. Um olhar de baixo para cima: o papel da psicologia será estimular essa visão a partir de Hades, a partir de baixo, daquilo que é ou está inferior, noturno, sombrio – sonhos, sintomas, dramas inconscientes, dores, e tudo aquilo que é negligenciado pelas instâncias superiores luminosas, ou seja, o sono, a noite, a morte, os antepassados. É a visão de Hades. Mas isso tudo se complementa com a visão que estamos examinando agora, a da (super)consciência, da luz, da racionalidade, daquilo que enxerga com clareza e compreende. Novamente, uma observação de Donald Cowan:

> Zeus é aquela faculdade espiritual em todos nós que intuitivamente sabe; não com a sabedoria prática de uma Atena, não com a inventividade de um Prometeu, não com o idealismo lírico de Apolo, mas com uma claridade zeusiana que permite às coisas serem o que são em si mesmas[63].

A força que nos permite ser o que somos. Outro aspecto para caracterizar ainda um pouco mais a psicologia de Zeus: "Zeus é aquele impulso aristocrático em nós, aquela

---

63. COWAN. Op. cit., p. 13.

dignidade inerente ao masculino que informa os mortais, tanto homens quanto mulheres, das suas responsabilidades"[64]. Cowan diz ainda que

> ele planeja, ele bola esquemas magníficos, ele escuta, ele atende, ele olha, ele ama, ele protege, ele guarda. Às vezes ele faz nos comportarmos tiranicamente, às vezes seu espírito em nós nos faz traidores, mas se nós nos reportamos a ele propriamente, de modo próprio, ele nos ensina aquela mais nobre das atitudes, o afastamento no meio da preocupação apaixonada[65].

* * *

Psicologicamente falando, algo em nós tem que funcionar instituindo e criando um mundo, criando leis, criando cosmos. E *kosmos* (κόσμος) é a palavra em grego que, além de dizer mundo organizado, indica beleza. Cosmos é o arranjo que é belo por ser um arranjo[66]. Aqui, num

---

64. Ibid.

65. Ibid.

66. "Aqui precisamos lembrar que, originalmente em grego, *kosmos* era uma ideia estética e politeísta. Referia-se à disposição correta das múltiplas coisas do mundo, seu arranjo ordenado. *Kosmos* não significava uma totalidade coletiva, geral e abstrata. Não queria dizer universo, o voltar-se em torno de um ponto (*unus-verto*), ou tornar-se

aspecto mais cósmico, o que diferencia Zeus é a questão da rede, das relações com os outros deuses. Vejamos. A rede na qual ele está inserido o impede de ser um opressor porque, do contrário, não seria a imagem do poder, da autoridade, mas do autoritarismo, pois ele é o rei, aquele que cuida do seu reino com justiça. Do contrário, seria o tirano, o déspota, o ditador. O rei, do ponto de vista arquetípico, é imediatamente justo. Um dos epítetos de Zeus é a palavra rei em grego, *basileus, Zeus Basileus*. (Como Hera também é chamada de *Basileia*, rainha. Ficará mais claro, à medida que avançarmos, que um está "dentro" do outro. Ela é tão rainha e tão criadora quanto ele. Personifica a realeza. Ela tem um gênio forte; ele é mais encantador.) Isso compõe uma rede que funciona com poderes que se limitam uns aos outros. Zeus não é absoluto. Afrodite, por exemplo, é tão determinante na vida dele, impondo-lhe limitações, que ele se vinga dela fazendo-a apaixonar-se por Anquises, um mortal, a fim de fazê-la provar do próprio

---

um. Essa tradução de cosmo em universo é típica do imperialismo romano unificador que oblitera o sentido especificamente grego do mundo. [...] *Kosmos* também implicava qualidades estéticas tais como decência, conveniência, honorabilidade, credibilidade, exatidão. 'Cosmética' está mais próxima do sentido original do que nossa palavra 'cósmico' (como vasto, inespecífico, vazio). *Kosmos* era usado especialmente por mulheres em relação a seus embelezamentos; os estóicos usavam a palavra para *anima mundi*" (HILLMAN, J. *O pensamento do coração e a alma do mundo*. Trad. de Gustavo Barcellos. Campinas: Verus, 2010, p. 46).

veneno. Então, de uma certa forma, o poder de Afrodite é tão grande quanto o dele. Não podemos pensar o politeísmo sistematicamente, pois ele não é um sistema. Ele é totalmente fragmentário. Assim, ao entrarmos no cosmos de Zeus, temos que compreender o que essa instância mostra – psicologicamente falando. A pergunta é, sempre, como a faz Kerényi: o que se apresentou aos gregos como Zeus? A pergunta é muito psicológica porque não está interessada em Zeus, propriamente dito, mas naquilo que apareceu aos gregos como Zeus. A pergunta está interessada em perceber e compreender um aspecto fundamental do mundo. Interessa sabê-lo. Assim entramos naquele cosmos, percebendo-o e entendendo-o. Pois mesmo essa condição hierárquica de Zeus não o isenta de, neste exemplo, ficar enlouquecido pelo poder de Afrodite. O que está em foco aqui não é hierarquia. Mas se quisermos entender a psicologia da hierarquia, da autoridade, do poder, da institucionalização, temos que entrar no cosmos de Zeus. Assim como, se quisermos entender a beleza, o amor, a paixão, temos que entrar no cosmos de Afrodite.

2 Hera, rainha do mundo

Agora vamos nos dedicar a entrar um pouco mais na complexidade de Hera. Ela é uma deusa tão poderosa quanto Zeus, é sua esposa, sua contraparte, ou Zeus é a contraparte dela. Tinha templos importantes na Grécia, tanto no continente quanto nas ilhas, e um dos mais importantes está na ilha de Samos. Hera é a esposa, não é a mãe. Ela não é imagem do materno. O casamento entre os dois é aquele que simboliza o próprio casamento, não a maternidade. A maternidade não é um traço muito importante em seu perfil, como a paternidade é no dele, sendo inclusive muito problemático. Ela gera filhos sozinha, por partenogênese, mas são desastrosos. Ela pare seres monstruosos, difíceis (especialmente Tífon e Hefesto).

O nome de Hera tem etimologia bastante complexa. Por um lado, Hera parece ser um nome cognato a "hora", as estações do tempo, que são as *Horai* na mitologia grega. As *Horai* são aquelas divindades responsáveis pela passagem do tempo em termos de estações. Então Hera teria alguma coisa a ver com as estações, com o próprio devir do tempo. É nesse sentido que os mitólogos apontam os três momentos de Hera: a donzela, a esposa e a viúva (ou a divorciada, a abandonada). Assim, Hera se dá em três tempos, sendo, portanto, a imagem da *periodicidade*. Hera é simultaneamente essas três fases, que são as três fases da lua: crescente, cheia e minguante. A fase do meio, que é a lua cheia, é quando Hera é chamada Teleia, aquela que atingiu o seu preenchimento, sua realização (esse termo é traduzido como "a realizada", porque Teleia vem de *telos*, aquilo que está completo, que atingiu sua completude, sua meta). Kerényi fala sobre a imagem de uma "periodicidade natural"[67]. Quer dizer, a intuição do mito aqui é que, assim como ele está apresentado pelos olhos de vaca de Hera, o feminino é periódico; a natureza do feminino, esteja na mulher ou no homem, dentro ou fora, é ser periódico.

O mito então menciona Hera como uma divindade que se apresenta em três fases, diferentemente de outros deuses ou deusas. Veja-se melhor: ela é primeiro a donzela, chamada de *Pais*, a garota, ou *Parthenos*, a virgem; depois ela é *Teleia*, a mulher casada, ou a matrona; e depois ela ainda é *Chera*, a mulher separada, abandonada, por divórcio ou viuvez. Isso tem a ver com a passagem do tempo, com as estações. Ou seja, é uma imagem do feminino que o entende por estações, diferentemente do masculino. Esse é o sentido das três fases.

Aqui a compreensão se torna mais complexa, pois essas três fases não são lineares, mas estão presentes simultaneamente, são coexistentes, iluminando-se e definindo-se mutuamente, algo como na imagem de círculos concêntricos. "A narrativa temporal do mito necessariamente obscurece isso"[68]. A meu ver, não se trata exatamente de

---

67. KERÉNYI. Op. cit., p. 13.

68. DOWNING, C. "Coming to Terms with Marriage: A Mythological Perspective". In: DOWNING, C. *Mirrors of the Self: Archetypal*

um "ritmo específico no arquétipo," como sugere Murray Stein ao examinar Hera em suas fases[69], pois isso ainda se refere a um entendimento linear, preso à categoria do tempo cronológico. Penso que ao estudarmos o mito, que é uma maneira de estudarmos os arquétipos, temos a oportunidade de suspender nossa consciência linear, uma das tarefas mais difíceis. Esse é um desafio encantador desse exercício. Para podermos penetrar no mito e chegar às lições psicológicas que ele nos traz, uma das primeiras operações, sem dúvida alguma da maior importância, é suspender a tendência de compreender muitas coisas de forma linear. É tudo ao mesmo tempo agora, e não se trata de confusão. É como um sonho, que junta coisas que não estão ligadas linearmente. No sonho sabemos que uma coisa não acontece depois da outra, mas que está tudo acontecendo ao mesmo tempo.

Para estudarmos o mito, portanto, há duas operações que são fundamentais. Primeiro suspender a linearidade, o estilo cronológico, causa e efeito, que está muito impregnado em nossos hábitos mentais. A outra, a propósito, é suspender o moralismo. Muitas das ideias com as quais o

---

Imagens That Shape Your Life. Los Angeles: Jeremy P. Tarcher, 1991, p. 107.

69. STEIN, M. "Hera: A Mythic Image for the Instinct of Mating in Matrimony". *Myth and Psychology: Collected Writings Volume 2*. NC: Chiron, 2020, p. 60.

mito nos envolve – virgindade, casamento, malandragem, roubo, ciúme, inveja, justiça, ordem e tantas realidades arquetípicas que ele nos apresenta – só podem ser de fato compreendidas se fizermos esse esforço de suspendermos a compreensão moral. Aqui, o mito está dizendo que o feminino é periódico. É a ideia de feminino que Hera nos apresenta. É claro que há outras, apresentadas por Afrodite, por Deméter, Lilith, Atena ou Ártemis, por exemplo. São quadros do feminino, todos reais, todos verdadeiros no sentido das verdades arquetípicas. Se olhamos o feminino pelo ponto de vista de Hera e de tudo que ela pode nos ensinar, ela está nos dizendo que o feminino é mutável.

E essa luz da lua, que está nas referências que fazem os mitólogos com relação às três fases de Hera, permite um tipo de olhar que é mais conectivo, uma luz que junta as coisas, não as separa. A lua também tem um lado escuro, que não é visível, um lado desconhecido. É a lua nova. A lua nova, desse ponto de vista, é a conjunção de sol e lua, o momento em que eles estão absolutamente unidos. Já não fala do feminino, mas está apresentando a conjunção.

O momento em que ela se casa, em que se torna esposa, significa plenitude para ela e, de alguma forma, a plenitude do feminino. Teleia é a perfeita, a que atingiu a perfeição no sentido da sua total realização, que atingiu seu *telos*. Nesse contexto, há uma frase mencionada por Kerényi em seu ensaio sobre Hera e Zeus: "*Telos* é o *gamos*"[70]. Em outras palavras, o objetivo é a união; desse ponto de vista, se essa união é objetivada, ela se torna um *hieros gamos*, uma união sagrada, como no caso de Zeus e Hera. É como se esses dois seres estivessem destinados ao *gamos*, porque *telos* é o *gamos*, e assim indicassem, neste cosmos, que o destino é a união. Bem, ela é então chamada de Hera Teleia, e ele de Zeus Teleio. É como se eles só atingissem sua perfeição no *gamos*, no casamento, na união. Essa união é de tal forma intensa que é entendida como sagrada. *Telos* significa completude, preenchimento total. Estamos vendo o mundo pelos olhos de Hera. O mundo, visto sob essa ótica, nos diz que o objetivo é o *gamos*, o total preenchimento, a total completude, a iniciação nos mistérios do *gamos*, na capacidade de união. Gamar-se pelo quê? Quem vai responder esta pergunta é Kerényi:

> No mundo ideacional do matriarcado a que estava ligada, a esposa de Zeus não é a maternidade óbvia, mas a completude da mulher através do homem, aquilo que está sendo buscado e precisa ser achado. Esse é um ponto de vista que pode ser chamado de matriarcal. O preenchimento que pode ser alcançado apenas em ser impregnada pelo homem significa a subordinação

---

70. KERÉNYI. Op. cit., p. 104.

da mulher a um objetivo mais alto; ou seja, assegurar a prole[71].

Não estamos trabalhando com uma psicologia de gênero, mas com uma psicologia arquetípica. Como ouvir psicologicamente essa importante afirmação? Essa energia de Hera está preocupada com a prole, em garanti-la; mas não é a prole literal, nem ela é a mãe no sentido arquetípico. Trata-se, a meu ver, de dar sequência à civilização, à estabilidade das instituições, à cultura, pois a civilização depende das instituições. Esse é um jogo de Hera, um jogo de poder, pois diz que a instituição não é um fim em si mesmo, é um meio de garantir a continuidade da civilização.

Figura 2 Cabeça de uma deusa

Mármore, século II d.C. *Antikensammlung*, Berlim.

* * *

71. KERÉNYI, K. *Athene: Virgin and Mother in Greek Religion*. CT: Spring Publications, 2008, p. 21.

O que nos interessa são os diversos aspectos desse potente entrelaçamento entre Zeus e Hera. O tipo de acasalamento entre eles é então chamado de *hieros gamos*, união sagrada. Pois bem, o que os gregos antigos chamam de sagrado não é exatamente o que chamam os cristãos. No mundo politeísta, especialmente no mundo grego, não existe exatamente uma distinção nítida, e nem a necessidade de fazê-la, ou mesmo de se perceber se existe uma distinção entre sagrado e profano. Este é um aspecto da mentalidade grega: todas as coisas são sagradas e profanas ao mesmo tempo. Sagrado e profano são aspectos coincidentes no mesmo fenômeno. A cultura monoteísta, que é necessariamente uma cultura binária, dual, separa essas duas realidades: onde houver o sagrado não há o profano, e vice-versa. E, se por acaso houver, isso é da ordem de uma transgressão, é um evento raro. A ideia da mentalidade politeísta grega que nos interessa, no sentido do que de psicológico nos entrega, é essa percepção de que sagrado e profano não estão separados, não são categorias apartadas, mas qualidades incidentes no mesmo fenômeno. Quando os gregos antigos chamam essa união erótica entre Hera e Zeus, entre a esposa e o esposo arquetípicos, de *hieros gamos*, estão chamando um acasalamento de sagrado, *eros* sagrado – e, de novo, não é um acasalamento no sentido moderno, mas uma força de união. Quando os gregos chamam essa união de atração sagrada, podemos entendê-la no sentido do que hoje chamaríamos de arquetípico. Sagrado como algo que se impõe, uma realidade forte e necessária. Como o amor, a guerra, o trabalho, a morte, o poder. Referimo-nos a isso pela palavra *arquetípico*. Seria dizer que é a *união arquetípica*, no sentido do uso moderno que temos da palavra; isto é, algo que apresenta um dos fundamentos da existência.

A frase que Kerényi menciona em seu ensaio, e que já comentamos anteriormente, "*telos* é o *gamos,*" quer dizer que a união é o objetivo. Ou seja, há uma percepção na imaginação grega de que a união é um dos objetivos fundamentais da existência. Trata-se de um outro ponto de vista, que não é o de Eros. Eros também personifica esse princípio, ou mesmo é esse princípio. Há *eros* aqui, evidentemente, mas o que está sendo dito é que as uniões são o objetivo. Há um casal, no caso aqui um casal heterossexual – mas essas categorias de gênero não se aplicam exatamente aos deuses, pois eles estão, de alguma forma, para além delas como nós as compreendemos no mundo secular, no mundo do tempo, daquilo que é mortal e cíclico, e, além disso, estamos diante de metáforas. Essa união entre Zeus e Hera apresenta o aspecto mais perfeito dessa verdade de que "*telos* é o *gamos*". Portanto, eles passam a ser o casal que mostra que essa realidade da união é arquetípica, uma das realidades a que estamos submetidos, algo que se impõe, que se repete, inescapável, transgenérico.

* * *

Um outro aspecto que merece atenção é aquele que liga Hera aos heróis. Ela é uma deusa dos heróis. Há uma profunda e misteriosa ligação de Hera com eles. O herói dos heróis na Grécia antiga é Hércules, Héracles. Seu nome quer dizer "a glória de Hera," ou aquele que ganhou fama por meio de Hera. *Kleos* (κλέος), em grego, é a palavra frequentemente traduzida como glória. Um herói ganha *kleos* por realizar grandes obras. Glória para os gregos é aquilo que exercita um poder sobre o tempo. Glorioso é aquilo que permanece no tempo, que vence o tempo ou, em outras palavras, vence o esquecimento. Então, o herói é aquele que fica para sempre, e muitas vezes ele ganha a imortalidade. Ele é fundamentalmente um semideus, e com sua história, com aquilo que realiza, ele se torna glorioso. Bem, aquela força que entrega aos heróis a sua glória é chamada pelos gregos de Hera. Todos os heróis são heróis de Hera. É por essa glória, é por meio de *kleos*, que os heróis podem viver na memória, permanecer na lembrança – isto é, ultrapassar o esquecimento. Essa é a ideia da palavra glória em grego, que é muito semelhante à palavra latina *fama*. *Fama* quer dizer não ser esquecido – análoga a reputação, rumor, notícia. O que se diz aqui é que glória é a memória. A glória é um presente da Hera.

Seemee Ali, autora norte-americana da área de literatura, num pequeno ensaio sobre Hera, conduz-nos a algo interessante: "Hera desperta em nós o sentido de que somos mais do que aquilo que a natureza nos faz ser"[72]. Pois esse é um dos sentidos do heroísmo: ir além da natureza. Vemos Hera levando-nos além da natureza. Falaremos disso mais adiante com relação à própria ideia do casamento.

Creio que tudo isso nos dá uma outra percepção daquilo que é heroico em nós: "Hera está conosco sempre que ultrapassarmos os nossos limites naturais"[73]. Desse ponto de vista, Héracles não é somente a glória de Hera, mas é a glória do próprio heroísmo. O próprio heroísmo é glorioso, nesse sentido de ser aquilo que burla o esquecimento, que tem poder sobre o tempo.

O destino do herói é ser herói. Se ele não cumpre esse destino, está falhando com a sua própria *moira*, com a

---

72. ALI, S. "Hera, The Most Difficult Olympian". In: STROUD, J. (ed.). *Conversing With James Hillman: Mythic Figures.* Dallas: The Dallas Institute of Humanities and Culture Publications, 2018, p. 46.

73. Ibid.

sua própria necessidade. Mas ir além da natureza, que está explicitado do plano das narrativas míticas, mesmo a imagem de Héracles com os 12 trabalhos, deve nos servir como metáfora. Ir além da natureza não significa sobrepujar o corpo físico necessariamente, fazer tarefas, ultrapassar limites físicos. A metáfora de ir além da natureza se dá no sentido de entender que somos seres imaginais, que estamos na imaginação, que somos imaginação, algo além da natureza. Não no sentido de dar um salto de trinta metros, de pular obstáculos, o Homem-aranha, Batman, Super-homem que voa – imagens concretas que apenas nos entregam o nível literal. Voar, no caso do Super-homem, por exemplo: sabemos que isso é impossível do ponto de vista físico, mas o que está sendo dito é que, sim, podemos voar. Voamos porque somos seres de imaginação.

Ir além da natureza é um presente de Hera. Insisto nisso no sentido de que sabemos, especialmente dentro do campo da psicologia junguiana, que imaginação é realidade[74]. Com Hera, parece-me que está em jogo uma percepção arquetípica. Se não estivermos abertos para ela, permanecemos de alguma forma como animais, não no

---

74. "A psique cria realidade todos os dias. A única expressão que posso usar para essa atividade é *fantasia* [...]. A fantasia, portanto, parece-me a expressão mais clara da atividade específica da psique" (JUNG. *OC*, 6, § 73).

sentido depreciativo do termo, nenhuma nota moral de valorização aqui.

Seemee Ali diz também algo de fato importante nesse contexto:

> Nossa natureza, a nossa natureza humana anseia pelo casamento, anseia por cultura. A figura de Hera nos lembra de que nossa própria natureza – como a própria deusa – é paradoxal. Nossa natureza parece chamar-nos para além dela, para além da natureza[75].

Hillman refere-se a isso em seu texto sobre Hera como "o problema do casamento"[76].

Natureza tem pelo menos cinquenta definições diferentes. Aqui se refere ao sentido mais naturalista de todas as realidades: nascer, crescer, reproduzir, morrer; a planta, o bicho, a chuva. Nessa linha, outros dois termos tangenciais precisam de distinção: cultura e civilização. Permitam-me uma breve digressão. Neste momento estamos falando em cultura, e sempre que penso nessas duas palavras, elas me trazem imediatamente a possibilidade de distinguir entre essas duas ideias. James Hillman ajuda-nos com uma observação: "A civilização cumpre tarefas, da melhor maneira possível. A cultura é canção, a canção

---

75. ALI. Op. cit., p. 46.

76. HILLMAN. *UE, 6:* "Hera, Goddess of Marriage", p. 242.

que irrompe no meio da tarefa"[77]. Esta citação está num artigo de 1997, publicado na revista *Spring*, com o título de "A cultura e a alma animal", registro de uma palestra apresentada em Caracas, na única vez em que esteve na América do Sul, a convite de nosso amigo Axel Capriles. Essas frases têm muito a ver com o que estamos discutindo. Sempre me lembro delas, porque acho que têm aquele poder retórico de James Hillman, quando ele diz algo que nos faz perceber uma distinção imediatamente. Entrega toda uma definição de cultura e de civilização. Uma síntese poética: aquele operário que está levantando um prédio e de repente assobia, a cultura é esse assobio. A cozinheira que canta. Fazer a comida é civilização. Temos que almoçar, temos que comer. Mas quando ela canta, canta enquanto está preparando o feijão, isso é cultura. Pois bem, essa canção tem a ver com Hera.

*   *   *

De volta à pergunta de Kerényi, seu método: o que apareceu aos gregos como uma determinada divindade? Esta é a pergunta do investigador, do mitólogo. É a

---

77. HILLMAN, J. "Culture and the Animal Soul". *Spring: a Journal of Archetype and Culture 62*. Woodstock: Spring Journal, 1997, p. 10-37.

pergunta que quer ir além. Não é a pergunta do teólogo, mas a pergunta do psicólogo. O que apareceu aos gregos como Hera? Esta é a pergunta que está por trás daquilo que estamos discutindo: entender que apareceu algo de importância e complexidade que, em linguagem moderna, diríamos arquetípico. Os gregos tiveram a percepção de uma porção da realidade, de um aspecto do mundo, a que deram o nome de Hera. Não conseguimos ter uma compreensão totalmente clara porque estamos falando de manifestações que são, em última análise, mistérios. Há algo bastante enigmático que se passa entre essa força chamada Hera e, como falávamos, os heróis.

Hera apresenta, digamos assim, essa dura verdade de que o casamento, essa *opus contra naturam*, é importante para que possamos ir além da natureza. Do contrário, permanecemos no plano somente natural. Então, o casamento, desse ponto de vista, é uma obra da imaginação e, portanto, como outras, uma obra de cultura. Refiro-me a isso novamente porque o herói também vai além da natureza, por meio de um feito extraordinário. Um feito extraordinário significa ir além das possibilidades naturais. Hera é também essa possibilidade em nós. Somos seres imaginais, não apenas seres naturais. Ou, em palavras menos inspiradas, somos seres psicológicos. Isso está no âmbito de Hera, quem rege esses sentidos e a possibilidade dessas percepções. Outras civilizações podem ter chamado a percepção da mesma realidade com outros nomes. É um processo que vai além de simplesmente entendermos que somos criaturas domesticáveis.

3 O casamento

Bem, o tipo de união que há entre Zeus e Hera chama-se *casamento*, e é evidente que esse par apresenta o casamento como algo arquetípico. Para o mundo de Hera, o casamento é o aspecto mais importante.

Alguns aspectos de Hera nos fazem entender o campo de ação desta deusa. Antes de tudo, ela representa a *instituição* do casamento. Isso significa que ela preside, segundo Ali, o movimento da animalidade para a humanidade, ou da natureza para a cultura, porque o casamento, como vimos, é um símbolo da cultura. Portanto, ele é um símbolo do ultrapassamento da animalidade. Com ela, entendemos o casamento como a junção do que é primordial ou natural com aquilo que é humano, ou seja, social, institucional, que está além da condição animal. É claro que a animalidade tem que vir para o casamento. O casamento é um ultrapassamento da animalidade, metaforicamente falando, mas não o seu cancelamento; é a compreensão de que o casamento é um produto da imaginação. Hera é essa força arquetípica que nos ajuda nessa transposição. E ela o faz porque institui as instituições. Tudo que é uma instituição tem regras, leis, ética, moral. A ordem do humano é a ordem que aceitou a entrada na instituição. Hera e Zeus trabalham juntos, pois ele também é a institucionalização e o aparecimento da lei, da ética, da ordem. Se não entrarmos nesse nível da existência, não entramos propriamente na humanidade; estamos, de alguma forma, ainda pertencentes ao puramente natural.

O mito grego apresenta o casamento no sentido de ser uma entrada na cultura. Seu devir está na cultura. E isso tem a ver com as horas, com as estações, com a passagem do tempo em fases. Seemee Ali aponta que "em Homero o símbolo mais puro da cultura é o casamento"[78]. Estamos tentando um olhar arquetípico que possa nos ajudar a enxergar o casamento de uma outra forma. Precisamos compreender as ideias cristianizadas ou moralizadas que temos dele. O matrimônio, no ambiente cristão, é um sacramento. Ora, aquilo que está apresentado pela união de Zeus e Hera não é um sacramento. Tem a ver com horizontalidade, esses deuses são equânimes; sabemos que um casamento, de um ponto de vista cristão, não é horizontal. "Vós, mulheres, sujeitai-vos a vossos maridos, como ao Senhor. Porque o marido é a cabeça da mulher [...] as mulheres sejam em tudo sujeitas a seus maridos" (Ef 5,22-24). Nesse am-

---

78. ALI. Op. cit., p. 46.

biente, no que toca às mulheres, a ideia de receber, de ser preenchida (como sugere a afirmação de Kerenyi citada acima, "o preenchimento que pode ser alcançado apenas em ser impregnada pelo homem significa a subordinação da mulher a um objetivo mais alto, ou seja, assegurar a prole"), de alguma maneira está associada à submissão. Mas acolher não significa submissão. O ganho de Hera pode ser exatamente este: apreciarmos a ideia de recepção arquetipicamente; isto é, desligada de uma ideia secular de submissão ou de passividade, opressão. Da mesma forma, não podemos manter uma visão contemporânea, burguesa, com relação ao ciúme de Hera.

Ao relermos a frase de Kerényi, nem existe a ideia da submissão. Ele nos dá uma outra visão para aquilo que entendemos como casamento, e como submissão. Há camadas de mais de dois mil anos de moralização dessas ideias – o ciúme, o casamento, a mulher, o feminino, a união. Assim, ficamos nesse nível egoico, e não num nível psíquico. Psicologia do ego, e aí podemos fazer uma psicologia de gênero, que é muito necessária. Mas não é o que queremos com uma psicologia arquetípica, e não é esse o nosso interesse no mito. Pois dessa forma, o mito servirá apenas para reforçar as nossas concepções já colocadas.

Na afirmação de Kerényi, há uma subordinação da mulher, na verdade, a um objetivo maior, ou seja, a garantia da continuidade das coisas. Ele fala em subordinação, mas não ao homem. Subordinação como um princípio cósmico. Esta é a mentalidade matriarcal. O que Kerényi está apresentando, e que Joseph Campbell e Marija Gimbutas também apresentam, é o ponto de vista matriarcal, que já perdemos há muito tempo. Aqui, não se trata de troca de palavras: subordinação não tem a ver com submissão. Submissão está na ordem direta do poder, subordinação não. É como entendermos que estamos subordinados às leis cósmicas, ou naturais, a poderes que não conhecemos, que na psicologia junguiana chamamos de arquétipos. E é uma equação matemática também. O interesse na ideia de subordinação é justamente essa operação, que aprendemos com a psicologia junguiana: a *relativização do ego*. Sem a relativização radical da posição do ego, nada de importância acontece na alma.

* * *

Há um detalhe muito significativo nesse casamento, uma das lendas em torno de Hera: todo ano, ela vai a uma determinada fonte, chamada Canatos, tomar um banho, e esse lhe restitui sua virgindade. Ela então volta e se entrega novamente a Zeus, em casamento. Aqui temos *Pais* "dentro" de *Teleia*. Melhor dizendo, ela decide todos os anos casar-se novamente com Zeus. Ela acha isso importante para ter um poder de decisão, e isso é muito interessante em sua personalidade. Esta é uma decisão dela, não dele. A amorosidade de Hera está no lugar da mulher, não da mãe. Ou seja, sua amorosidade é ser a esposa, é ter-se tanto a si mesma que pode decidir entregar-se amorosamente a alguém. Dessa forma, ela não é de ninguém. Há nisso uma equiparação, é uma imagem de igual com igual. Ela é dona de si a ponto de poder casar-se com ele novamente. Ela renova esse gesto, portanto esse gesto do casamento é dela, tanto quanto é dele. É uma imagem de igualdade plena. Ela não é a mulher dele, ela se casa com ele. É uma metáfora para dizer que o casamento é uma decisão dela. Isto é, ela tem essa autonomia porque é tão poderosa quanto ele.

O casamento de Hera e Zeus é uma metáfora, a *metáfora do casamento*. Claro, uma metáfora que incide no casamento em si, mas é também a poética do casamento. Essa poética se dá porque eles são irmãos, quer dizer, é um relacionamento que aponta para a androginia. Não é possível imaginá-los de outra maneira. O par se encontra como um par entre iguais, a igualdade das forças. Aqui são os iguais que não são os mesmos. Isso é um paradoxo, mas o desafio é pensá-lo: uma igualdade que não é ipseidade. Laços de irmandade, na mítica, enfatizam relações simétricas e igualitárias, equacionadas, não hierarquizadas. Eles, na verdade, formam um só, é a imagem de uma só energia[79].

Louise Cowan faz uma observação que vai no sentido do que estamos dizendo:

> Nós não temos outra escolha a não ser aceitá-la, quer gostamos ou não. Ela [Hera] é parte do quadro da realidade. Ela leva cada um de nós, homens ou mulheres, a uma compreensão do casamento interior dentro de nós que forja a nossa inteireza[80].

Forjar nosso sentido de inteiro, trabalho de Hera. Da maneira como entendo, o casamento de Zeus e Hera é a imagem da possibilidade de todos os casamentos interiores que podemos fazer. Isso independe de estarmos literalmente casados ou não. Como afirma Kerényi, esse casamento, como tantas outras coisas do mito, é um "construto mitológico"[81], uma imagem mítica, um jeito de

---

79. Cf. meu *O irmão: psicologia do arquétipo fraterno*. 3. ed. rev. e ampl. Petrópolis: Vozes, 2018.

80. COWAN, L. "Hera". In: STROUD, J. (ed.). *The Olympians*. Dalas: The Dallas Institute of Humanities and Culture, 1995, p. 28.

81. KERENYI, K. *Zeus and Hera: Archetypal Image of Father, Husband, and Wife*. Princeton: Princeton University Press, 1975, p. 95 [Bollingen Series, LXV-5].

pensar as uniões. O casamento de Zeus e Hera é a imagem da possibilidade de uniões que podemos fazer internamente – daquilo que sou com aquilo que não sou, do que sou e não sei que sou com aquilo que sei que sou. Talvez aponte para o que os junguianos chamam de individuação, tanto que essa imagem na alquimia é muito importante: o casamento de Rei e Rainha, ouro e prata, Sol e Lua. Isso não significa que tenho que me casar. É o sentido da *coniunctio*, apresentado na linguagem da mítica, e não na linguagem da alquimia. É algo inteiramente do plano psicológico, ou simbólico. Não preciso estar casado para estar inteiro. Ao contrário, muitas vezes porque estou casado é que estou dividido. Zeus e Hera representam todas as possibilidades de hierogamias que podemos fazer. Vamos colocá-lo no plural. Hillman:

> Disse que Hera é a figura que nos deseja casados, que nos pressiona ao acasalamento. E seu acasalamento é com seu irmão, Zeus, portanto é um casamento bastante intenso, é endogâmico; é como se seu parceiro estivesse dentro dela, em seu interior. Esses sentimentos que se têm de que seu marido é seu melhor amigo. Seu marido é tão íntimo quanto um irmão, ou aquele sentido de que sua parceira é como uma irmã. Esse tipo de relacionamento de intimidade interior e de fa-

miliaridade é o reconhecimento daquele sentimento Zeus-Hera[82].

Temos que entender como metáfora a imagem de um casamento muito especial, porque ao mesmo tempo em que ela é esposa de Zeus, é também sua irmã. Portanto, há aqui um casamento de irmão com irmã, algo muito problemático, inclusive na mítica. É uma união conjugal e fraternal ao mesmo tempo: "Amor entre irmão e irmã parece ser algo que excede a norma humana. [...] O amor de um irmão e uma irmã inclina-se, mais que o amor normal, à restauração da totalidade bissexual, que está pressuposta nesta poderosa atração mútua"[83]. Precisamos entender: o que está sendo apresentado aqui, pelo casamento de irmão com irmã, é a melhor imagem para a relação simétrica não hierárquica entre iguais – entre iguais na força, no poder, na significação, na grandeza, na realeza. Alguns helenistas entendem que está inscrito na imagem de um casamento entre irmãos a metáfora mais potente da igualdade. E, de alguma maneira, também a metáfora da bissexualidade, da androginia, da união consigo mesmo, da completude. Quando dizemos Zeus e Hera são a imagem arquetípica

---

82. HILLMAN. *UE*, 6: "Hera, Goddess of Marriage", p. 247.

83. KERENYI. Op. cit., p. 112-113.

do casamento ou a imagem do casamento arquetípico, isso é metafórico, não é um casamento social.

* * *

Outro aspecto que nos mostra a complexidade da imaginação grega refere-se à ligação de Zeus e Hera não ser fértil. Não é fertilidade que está em jogo. Os filhos dele são dele, e os dela são dela; eles geram por si mesmos, embora tenham tido alguns filhos juntos, é verdade – Ares, Ilitia, Hebe, por exemplo. O deus que gera a partir de si mesmo de fato não gera, mas (re)genera. Zeus é essa força, que cria o mundo, pois o regenera. (Lembramos que a luta de Zeus contra os Titãs, por exemplo, avança sobre forças primordiais, desmedidas e violentas, o que aponta para ele como "recriador," ou reorganizador do mundo.) A importância da ligação deles não é ser fértil, mas ser matrimonial. A ênfase não está na fertilidade. Ele é o esposo arquetípico, ela a esposa arquetípica. Eles são a imagem dessa atração, que não precisa ser fértil para existir, fértil no sentido genealógico; só precisa acontecer. Se ela acontece, ordena as coisas. O sentido dessa união entre Zeus e Hera não é a fertilidade, eles não se casam para ter filhos; casam-se para casar-se, para ordenar as coisas. O casamento, porque ele existe, as coisas se ordenam. Isso é bastante importante para a compreensão da realidade psicológica que está sendo apresentada no mitologema dessa relação. O que sustenta um casamento? O casamento não depende da fertilidade. Agora estamos longe da mentalidade cristã. Ela gera sem ele, e isso ainda é uma outra camada de sentido – ela não precisa dele para gerar. Bem, é um pouco problemático, pois ela gera monstruosidades, já que gera muitas vezes pela raiva.

Talvez seja interessante retomarmos a própria ideia do casamento. Estamos falando de um par, um está no outro, operam de forma muito semelhante. Zeus traz a possibilidade de instituir um mundo mais sofisticado, mais elevado, o mundo da cultura, da civilização. Isso coloca um outro olhar sobre a deusa e sobre seu afamado ciúme. Essa questão, que é muito aparente em seus mitos, geralmente é mal compreendida. Aparece como um ciúme sexual. Não é. O ciúme de Hera é acionado quando ela vê ameaçado seu projeto instituinte porque, se ela perder esse projeto, retornamos para a animalidade. Tem a ver com o poder, com a soberania, com a rainha. Tem a ver com preservar a estabilidade da instituição, no sentido de que a instituição preserva a cultura. O ciúme e a ira de Hera têm a ver com a perda desse projeto que é o perfume de seu espírito – o que nos levaria para trás, para tempos primordiais, idades anteriores. Seu ciúme é uma ira com relação à ameaça a seu mundo, à sua regência. É o desejo de uma inteireza. Não precisamos literalizar esse impulso que está em nós, não temos de sustentar a fantasia de completá-lo literalmente o tempo todo.

É claro que há em Hera uma frustração no casamento, em seu principal objetivo como deusa (arquétipo): a saber, perfeição na união, *Hera Teleia*, estar contida num casal. Casamento não como instituição pela instituição, mas como realização do *gamos*. Entra *Hera Chera*, a abandonada, não mais casada, sua fase mais perigosa. Aqui temos *Chera* "dentro" de *Teleia*. Essa frustração é o primeiro nível de seu ciúme, seu aspecto infernal, terrível, raivoso. O episódio mítico da concepção e nascimento do mais monstruoso de seus filhos, Tífon, oferece-nos uma entrada na raiva de Hera, e tem a ver com o ciúme e com a frustração no casamento. Sua raiva, que é aterrorizante, é finalmente deflagrada porque Zeus havia gerado Atena sozinho, o que significou que ele não mais precisava de Hera para nada. Essa situação convoca os atributos ctônicos da deusa. Inicialmente, diga-se que esse é o ciúme de uma deusa, embora tenha muito em comum com o dos mortais. E.R. Dodds, abrindo caminho na mentalidade do mito, faz algumas referências a essa emoção, que em grego é *phthonos* (Φθονος), o ciúme dos deuses[84]. Os deuses são ciumentos, principalmente em relação aos mortais. Ftono é um deus, personificação da inveja e do ciúme, particularmente nas questões românticas; Brandão refere o deus à "mágoa provocada pela felicidade merecida de outrem"[85]. O episódio referente a Tífon deixa-nos entrever o trabalho de *phthonos* na alma de Hera. O sentimento que ele gera é semelhante à aparência e ao sentido do monstro, "mortífero flagelo", assim descrito por Luiz Alberto Machado Cabral: "era maior que todas as montanhas, sua cabeça atingia as estrelas; seus braços abertos alcançavam o ocidente e o oriente e, em vez de dedos, ele tinha cem cabeças de dragão. Da cintura para baixo, era rodeado de serpentes. Seu corpo era alado e seus olhos lançavam chamas"[86]. O episódio aparece narrado, em um longo *excursus*, no *Hino homérico a Apolo*. Vale a pena conferir a ira ciumenta da deusa. O conhecimento do nascimento da filha de Zeus,

> [...] súbito enfeza a augusta Hera,
>
> E entre os numes reunidos assim protesta:
>
> "Escutai-me vós todos, divos e divas,

---

84. DODDS, E.R. *Os gregos e o irracional*. Trad. de Paulo Domenech Oneto. São Paulo: Escuta, 2002, p. 37.

85. BRANDÃO, J.S. *Dicionário Mítico-etimológico da Mitologia Grega*. Petrópolis: Vozes, 2014, p. 268.

86. CABRAL, L.A.M. *O hino homérico a Apolo*. Intr., trad. e notas de Luiz Alberto Machado Cabral. São Paulo: Ateliê, 2004, p. 271.

Como Zeus ajunta-nuvens começa a desonrar-me
Primeiro, após ter em mim encontrado a esposa
  exemplar;
mesmo assim, sozinho, gerou Atena de rútilos olhos,
Que detém o destaque entre os deuses ditosa;
no entanto, entre os numes todos, egro meu filho nasceu,
Hefesto, dos pés disformes, que eu mesma gerei:
Com minhas mãos agarrando-o, no pélago amplo
  o lancei,
mas a filha de Nereu, Tétis dos pés de prata,
acolheu-o e com as irmãs o cercou de cuidados.
Aos deuses ditosos antes desse outro agrado!
Perverso! Multiardiloso! O que mais tencionas tramar?
Como ousaste Atena de rútilos olhos sozinho gerar?
Pari-la eu não poderia? E, no entanto, eu era chamada
  de tua
esposa entre os imortais que habitam o amplo Céu.
Toma cuidado! Que um mal contra ti mais tarde não
  trame!"[87]

Ela vaticina, ela impreca, ela amaldiçoa. A independência de Zeus a enfurece, pois ameaça e rompe o seu projeto de *gamos*. Evoca o poder de destruição de Hera:

Assim disse, iracunda, e dos divos distância mantinha.
Impreca em seguida a augusta Hera olhitáurea;
  com a palma da mão o piso percute e pronuncia[88].

---

87. Ibid., v. 309-325a, p. 151.

88. Ibid., v. 331-333, p. 153.

De acordo com o comentário de Cabral, esse "gesto de Hera descreve o modo de se invocar as divindades ctônicas (ou as sombras do Hades), e de se pronunciar um juramento em seu nome"[89]. Bater a terra com a palma da mão: ela está acordando/convocando sentimentos infernais:

> "Ora escutai-me, ó Terra, e tu, vasto Céu elevado,
> e vós deuses Titãs, que sob a Terra habitais em torno
> ao Tártaro imenso, vós, dos quais deuses e homens
>   provêm:
> ora ouvi-me, vós todos, e dai-me um filho sem o
>   concurso
> de Zeus, que em força nada lhe ceda; ao contrário, que a
> Zeus de ampla voz sobrepuje. O quanto esse a Cronos
>   supera."
> Assim dizendo, o solo fustiga com a palma robusta;
> estremece a Terra fecunda e, ao vê-la, a deusa
> no imo se alegra, pois entendeu que seria atendida[90].

A terra estremece, a ira está solta. Hera gera, por partenogênese (ou seja, algo que está dentro dela somente), um monstro, Tífon – "dissímil aos deuses e aos seres mortais" (v. 351) – que ela logo entregará a outro monstro, Píton, a terrível serpente que Apolo mataria ("fero monstro ingente, que nímios males sobre a terra aos homens causa-

---

89. Ibid., p. 277.

90. Ibid. v. 334-342, p. 153.

va" – v. 302-303), que então o acolhe, acolhendo assim a potência destrutiva da deusa: mal sobre mal, um monstro associado a outro monstro, semelhante cura semelhante. Tífon, segundo a compreensão de Brandão, "é uma espécie de síntese da violência, cegueira e surdez de todas as forças primordiais"[91]. Assim é o sentimento de ira e ciúme de Hera ao se defrontar com a ameaça a seu projeto instituinte.

* * *

Hera é irascível. Seu ciúme é frequentemente compreendido por nós com nossos ouvidos cristianizados, moralizados: a questão da fidelidade. A fidelidade de Hera é a um projeto, não exatamente à questão mais imediata dele copular com outras pessoas, o que é difícil de compreendermos na sua totalidade. Não é o ciúme sexual, não está relacionado diretamente ao fato dele amar e gerar com outras mulheres, mas, sim, dela ser ameaçada no seu papel de rainha e esposa, ameaçada na instituição. Esse é o sentido maior do ciúme que provoca sua ira: a ameaça de destituí-la do seu lugar. Hera ocupa uma posição de soberania. Não podemos reduzir Hera à imagem de uma esposa ciumenta. Só ao atingirmos esse ponto poderemos

---

91. BRANDÃO. Op. cit., p. 601.

compreender a grandeza dessa deusa, e o fato dela ter sido tão cultuada na Grécia antiga. Ela é vingativa, é calculista. A ira está dentro dela, como vimos, e pode ser despertada. Mas o que ela está defendendo é aquilo sobre o qual ela rege, a legitimidade. Então, ela é o impulso em nós que defende tudo em nossas vidas que é legítimo. Esse impulso sempre irá nos atravessar.

Podemos discriminar isso dentro de nós: o legítimo e o justo. Nem tudo que é legítimo é justo. A questão da justiça está nas mãos de Zeus, mas não existe justiça se não for legitimada. Por isso, o mito coloca essas imagens relacionadas. Há situações da vida que evidentemente ameaçam nossa integridade interna. Acho que dependemos de Hera para restaurar a legitimidade dessas situações que nos quebram, nos despedaçam, nos esfacelam. Como Hera e Zeus são, em certa medida, a mesma pessoa, ela também é a justiça. Nesses momentos, o que costumamos ouvir, inclusive de nós mesmos, é: "não é justo! não é justo que esteja acontecendo isso comigo!" Escutamos isso até de uma criança. Então, talvez seja essa força, que conhecemos como Hera, aquilo de que necessitamos para restaurar um estado de integridade. São Hera e Zeus falando em nós, porque são situações em que a legitimidade e a justiça estão sendo violadas.

* * *

Como já mencionei, Zeus vem de cima, tem o poder da precipitação. Mas também Hera vem de cima, também é aérea. O *Hino órfico 16: perfume de Hera*, uma oração poética grega à deusa, começa chamando-a de *aeriforme*, da forma do ar. Esse é ali seu primeiro apelativo. Vejam a operação mental aqui: aeriforme, invisível. Atributos invisíveis que ela apresenta: legitimidade, justiça, casamento, instituições, união consigo mesmo. Tanto ela quanto ele são deuses meteorológicos. Vejamos as primeiras linhas do hino, na tradução de Ordep Serra:

> Aeriforme, os seios cerúleos íncita,
> Hera rainha do mundo, esposa feliz de Zeus,
> Dispensadora das auras que dão alento aos mortais,
> Ama dos ventos, das chuvas mãe, unigênere,
> Nada sem ti conhecera o desabrochar da vida:
> Infusa no ar sagrado, tu participas de tudo.
> Única reges a todos, governas todas as coisas
> Com a sibilante moção das correntezas aéreas.
> Deusa feliz, ó Rainha universal, poliônima,
> Vem benigna e nos mostra teu belo rosto risonho[92].

É uma força majestosa que está sendo invocada. Vejamos agora o *Hino órfico 20: perfume de Zeus Lampejante*, também na tradução de Ordep Serra, para enxergarmos a

---

92. SERRA. O. *Hinos órficos: perfumes*. Trad., intr., comentário e notas de Ordep Serra. São Paulo: Odysseus, 2015, p. 155.

semelhança das invocações, como são os mesmos poderes que estão sendo propiciados:

> Invoco o magno, o puro, o fragoroso, o esplêndido,
> Aéreo, rico de fogo, no ar faiscante, flamívago,
> Lume que as nuvens transpassa com terrificante
> estrondo,
> O deus temível, severo, indômito, sacrossanto
> Zeus que lampeja, de todos Pai, Rei máximo:
> Benévolo, à nossa vida um termo nos dá suave[93].

"À nossa vida um termo nos dá suave": mas não é Nosso Senhor do Bonfim? O poeta está pedindo uma boa morte, porque sabe que Zeus conhece o início, o meio e o fim. E é um deus corisco, faiscante, rápido e veloz, esperto. Ambos são aéreos, precipitam-se, governam, instituem, fazem as leis e defendem a aplicação da justiça e a garantia da legitimidade. Um está dentro do outro. É quase um mundo oposto ao de Hermes, por exemplo, aquele da contravenção. Aqui estamos explorando o mundo daquilo que precisa ser definido e defendido como legítimo.

Nesse casamento, ela é ameaçada o tempo todo. É a legitimidade que é constantemente posta em xeque. Mas é exatamente isso que dá a oportunidade para que ela a defenda. As situações são complexas, pois ela está casa-

---

93. Ibid., p. 163.

da com um deus que tem que criar o mundo. Isso precisa ser compreendido fora da moral tradicional. Entramos no cosmo de Zeus, e ele também tem que realizar aquilo que ele é, o criador de mundos. Ela, por outro lado, é menos uma criadora de mundos; ela é a legitimação dos mundos criados. O herdeiro, Apolo, que virá de um outro lugar, como vimos, ameaça sua legitimidade, que é seu casamento. Portanto, ela tenta impedir o seu nascimento de todas as maneiras; persegue Leto, a mãe, ordena que nenhuma terra a receba para que possa parir. Ela tem a força de querer preservar sua posição.

Zeus representa a vitória da ordem sobre o caos, e Hera legitima essa vitória, luta para garanti-la. Assim, ela tem que defender o casamento. Não por questões morais, do sacramento. O casamento é uma instituição que garante a passagem para dentro da humanidade. Assim, essa é a esposa arquetípica, preside sobre os amores legítimos. Casamento, legitimidade, poder e soberania estão juntos em Hera.

A legitimidade é ameaçada o tempo todo, e há uma força que luta por ela. É isso que o mito nos mostra: que a legitimidade, e mesmo a humanidade, a cultura e os produtos da imaginação, têm que ser conquistados constantemente, pois estão sendo ameaçados o tempo todo. É a lição do mito, nesse ponto entre Zeus e Hera. Quer queiramos ou não, temos que ter forças em nós lutando por essas legitimidades.

O poder de Hera está mais evidente e completamente exercido e manifesto quando ela é *Teleia*, a perfeita, a realizada, quando ela é esposa. Portanto, sua ação de legitimação dá-se de forma mais plena quando ela está casada. Devemos entender o poder que tem esse papel. Tentamos entender o poder da esposa pois ele, num ambiente mítico grego politeísta, tem sua riqueza, seus sentidos, seu significado, diferentes do poder da esposa numa sociedade monoteísta. O casamento no ambiente judaico-cristão é um imperativo. Perguntamos: está fundamentalmente a serviço de quê? A resposta, a meu ver, já está no Gênesis, no segundo capítulo do primeiro livro, quando o Deus hebreu cria o homem, Adão. Ele entende que Adão não pode ficar sozinho, que não é bom viver sozinho. Então cria a mulher para Adão[94]. Portanto, é por uma questão de solidão, de companheirismo, de companhia. As pessoas se casam, no cristianismo e no judaísmo, para não viverem sós, porque viver só não é bom, segundo essa indicação. No mito grego que estamos examinando, as pessoas se casam para se manterem humanas, para instituírem a cultu-

---

94. "E disse o Senhor Deus: Não é bom que o homem esteja só; far-lhe-ei uma adjutora que esteja como diante dele" (Gn 2,18).

ra, para garantirem a imaginação. Esta de Zeus e Hera é uma imagem máxima de união plena. Esse casal não são pai e mãe; são esposo e esposa. Essa união aponta para uma união andrógina, do ser com ele mesmo.

Cowan afirma que Hera, como rainha, também representa a estabilidade das instituições políticas. Se não houver essa estabilidade, não há *polis*. É preciso apreciar que isso se dá em conjunto com Zeus. Um não é sem o outro. Operam juntos.

4 A casa

Agora vamos a um último aspecto essencial de Hera: a casa, que é chamada de *talamos*, esse lugar fechado. Toda vez que estamos cuidando da nossa casa, trata-se da energia de Hera. O amor doméstico, pela casa e pelo que está nela, é Hera em nós. "Cuidar da casa é cuidar de Hera"[95]. Cuidar de Hera é cuidar da casa. Na *Ilíada*, Hera não gosta de fazer amor ao ar livre. Porque a casa lhe é tão importante, ela se recusa a fazer amor no campo aberto[96]. Já sugere

---

95. HILLMAN. *UE*, 6, "Hera, Goddess of Marriage", p. 254.

96. Zeus e Hera são amantes; há na mítica cenas lindas do amor entre os dois. Alguns dizem que a primeira noite de amor entre eles durou trezentos anos, e que se passa num quartinho escondido na casa dos pais dela. Outros dizem que sua lua de mel foi na Ilha de Samos, que durou esse tempo.

a importância do espaço fechado, do doméstico – uma das inspirações de Hera. "O primeiro objeto, o templo mais antigo de Hera, é uma casa de pedra: uma porta, duas janelas, e um teto baixo"[97]. Ou seja, uma unidade: isso é um templo. Vejamos a casa como um templo, o templo de uma deusa. Hillman:

> O serviço doméstico é uma atividade de Hera. Nossa cultura o reconhece. Pensem na enorme quantidade de revistas *para a casa: Casa & Jardim, Architectural Digest, Vogue Casa, Casa Cláudia, Arquitetura e Construção*, a seção Casa dos principais jornais, programas de televisão sobre decoração e reforma de casas"[98].

Cuidar da casa é cuidar desse impulso civilizatório, cultural em nós. A civilização é o projeto do arquiteto, do engenheiro que montou aquela construção, bonita, sólida, confortável, com ótimos materiais, para vivermos e dormirmos dentro. A cultura é quando tudo isso se torna um templo de Hera, e isso apenas acontece quando cuidamos. Cuidar da casa ganha uma dimensão arquetípica, divina, com sentido cultural, imaginativo. Lavar a louça, colocar uma flor, limpar a almofada, comprar uma poltrona. Hillman nos faz ver a dimensão arquetípica, ou poética,

---

97. HILLMAN. *UE*, 6, "Hera, Goddess of Marriage", p. 254.

98. Ibid.

que têm atividades que julgamos sempre tão prosaicas, pois estamos sempre valorizando outra coisa, o trabalho *fora* de casa. Contratamos uma empregada doméstica, um funcionário doméstico para trabalhar no doméstico. O trabalho doméstico é desvalorizado na cultura moderna. O importante é sair de casa para trabalhar no espaço público, no banco, no consultório, no escritório, na empresa, na fábrica, no campo. O exercício da domesticidade é um exercício de intimidade.

No que se refere a casa, é preciso fazer uma distinção entre Hera e Héstia. São figuras muito próximas, mas são evidentemente duas instâncias diferentes. Héstia é aquele fogo que cria um lar. Mas para fazer um lar, é preciso ter uma casa. Essa casa é Hera. Ou melhor, para usar a metáfora da casa, ela é a possibilidade da casa ser construída. Para a casa ser construída é preciso cimento, tijolo, paredes, portas, móveis. Bem, mas uma casa não é um lar, *"a house is not a home"*, como na canção de Burt Bacharat. Então, Héstia não é Hera, e Hera não é Héstia. Hera é a casa, e Héstia é o lar, aquilo que transforma a casa em algo significativo. Mas Hera é o vaso, sem o qual o lar não existe.

Héstia é um outro nível nessa discussão da casa. É o que faz com que uma casa bem cuidada seja um lar. A casa também é um tema arquetípico, e aparece no mito grego de diversas maneiras. Uma camada da domesticidade tem a ver com Hera, e tem essa importância que estamos percebendo e examinando; uma outra camada da domesticidade, da intimidade, chama-se Héstia[99]. O mito grego tem essa capacidade de diferenciar as realidades arquetípicas, que é própria do politeísmo. E é isso que nos interessa na psicologia, para que tenhamos também, em nosso olhar psicológico, a capacidade de distinguir as variedades da experiência psicológica. O livro importante de William James, psicólogo e filósofo norte-americano, *As variedades da experiência religiosa,* teve influência muito significativa em Jung. Bem, com o politeísmo grego podemos falar das *variedades da experiência psicológica*[100]. O presente do politeísmo é esse: uma mentalidade voltada para a diferenciação e o reconhecimento da variedade, da pluralidade, da diversidade.

---

99. Para um aprofundamento do tema da casa e Héstia, cf. meu *Mitologias arquetípicas: figurações divinas e configurações humanas*, cap. 2: "Hermes e Héstia". Petrópolis: Vozes, 2019.

100. Há também, importante e digno de nota, o volume editado em 2008 por Dennis Patrick Slattery e Glen Slater: *Varieties of Mythic Experience.*

2
ZEUS E ATENA

Ela, da fronte imortal
de Zeus egífero, avante salta com magno ímpeto,
A brandir aguda lança.
Hino homérico XXVIII a Atena.

1 Zeus, deus atmosférico

Vamos proceder agora a um exame de Zeus e Atena. Repita-se: Zeus é a principal divindade da religião grega. Queremos ir adiante, e enxergar o que mais sua psicologia nos entrega, especialmente em relação à filha, Atena. E Atena está muito alinhada também com uma outra realidade, que às vezes é entendida como uma deusa, Ananke. Assim como Zeus está também muito relacionado com uma outra instância da imaginação grega, que às vezes também é entendida como uma divindade, Métis. Vale a pena um estudo dessas imbricações. Zeus é quem nos abre essa porta, esse mundo. Zeus é a terceira geração dos deuses gregos, traz uma nova era. Ele é a chegada de um novo momento no mundo, bem mais sofisticado do que os anteriores. O paradigma de Zeus é trazer um mundo civilizado, mundo novo harmônico: inclui a ordem, a lei, a regência. É o rei, pois organiza, distribui atributos, traz uma ordem cosmológica que possibilita luminosidade.

É tido como um deus atmosférico. Dele são as nuvens, a chuva, o raio, o relâmpago. Ele vive no alto das montanhas. Ele é a altura, o mais alto, aquele que representa a altitude. Isso se refere aos grandes projetos, aos altos ideais. Todas as vezes que estamos envolvidos com altos ideais, com projetos que têm altitude, que alçam voo, é Zeus em nós que permite podermos imaginá-los.

Devemos enxergar Zeus e Atena buscando alguma clareza a respeito do âmbito de ação de Zeus. Uma das principais características desse deus dos deuses, dessa figura pan-helênica, deus de todos os gregos, é ser o pai. Ele é tido como pai dos deuses e dos homens, não no sentido propriamente genealógico de ter filhos, porque muitos daqueles que são chamados filhos de Zeus nem são seus filhos. É a *metáfora* do pai; pai no sentido generativo, no sentido procriativo, arquetípico: aquilo que em nós está constantemente gerando. Gerando, organizando e cuidando, pois uma característica importante em Zeus é também o olho: o olhar de Zeus, voltado para o cuidado e a justiça. Lei, justiça e cuidado. As leis existem para que exista justiça. É impossível exercer justiça sem um espírito da lei. Isso está sob o âmbito de Zeus. Com Zeus temos a oportunidade de examinar uma ideia de paternidade psicologicamente muito particular.

2 O olho de Zeus e o olho de Atena

Algo importante em Zeus, portanto, é o olhar. Ele é o deus que não dorme, o sempre-alerta. Está sempre de olhos bem abertos. Ou seja, está olhando os seus filhos constantemente. É compreendido como um pai celestial, está lá em cima; mas o "lá em cima" de Zeus não é exatamente aquele do deus monoteísta, referido muitas vezes como o Altíssimo; este está realmente no céu. Isso também se diz de Zeus, mas se examinarmos mais de perto, ele não está exatamente localizado no céu, mas no alto da montanha. Vive no alto do Monte Olimpo. Ele é a montanha – mais ainda que a montanha, é o pico da montanha. Grande parte das coisas que acontecem com Zeus nas narrativas de suas histórias e mitologemas ocorre neste cenário, o alto da montanha. Do alto da montanha, ele olha o mundo dos humanos, olha a vida aqui da Terra. A *metáfora* da paternidade, não a *função* da paternidade. O pensamento mitológico não é um pensamento funcional. Temos que suspender nossa mente funcional, estamos falando da paternidade em sentido mais amplo. Essa metáfora tem a ver com esse olhar, essa proximidade, com o olho que nunca fecha. Uma atenção que nunca para. Uma consciência alerta – mas não alerta no sentido heroico, antes no sentido do cuidado, daquele que guarda seu mundo. Este é o sentido da paternidade de Zeus, que acontece no olho. Isso é o que o mito nos entrega: a paternidade se dá no olho; ou seja, é um jeito de olhar, atento, incansável, que está lá o tempo todo. O mitólogo brasileiro Ordep Serra nos diz: "o olho de Zeus é perfeito, *teleios*, porque enxerga até o fim, vê o todo"[101]. É uma palavra muito forte – *teleios* (τελειος), perfeito, acabado, completo – forte inclusive dentro do politeísmo, pois a palavra *perfeição* pertence mais aos monoteísmos do que aos politeísmos. A ideia de perfeição não é uma ideia que agrade muito à mentalidade politeísta. O ideal no monoteísmo cristão é a perfeição: "Portanto, sede vós perfeitos como perfeito é o vosso Pai celeste" (*Mateus* 5: 48). Mas Serra usa esta palavra, diz que

---

101. SERRA, O. *Hinos órficos: perfumes*. Trad., intr., comentário e notas de Ordep Serra. São Paulo: Odysseus, 2015, p. 601.

o olho de Zeus é *teleios*, perfeito no sentido daquilo que se realizou completamente, que tem *telos*. *Teleios* é aquilo que está realizado. É um tipo de consciência que traduz uma possibilidade em nós, embora aqui seja algo pensado na ordem do divino. É um tipo de consciência que enxerga até o fim, vê o todo. Enxergar até o fim é enxergar no tempo, porque Zeus é um tipo de consciência que conhece tudo, conhece o começo, o meio e o fim – e o fim é o que nós não conhecemos. Ele sabe de onde viemos, onde estamos e para onde vamos. Então, é um tipo de consciência que, como diz Serra, "conhece, enxerga até o fim porque tem as histórias na mão dele"[102]. Assim, é uma visão que enxerga desde o começo até o fim no tempo. Mas é também uma consciência que, por outro lado, enxerga até o fim no sentido de ir até o detalhe, pois ele conhece intimamente a vida dos homens. Do alto da montanha ele está olhando e conhece as coisas até sua profundidade, no detalhe. Portanto, veja-se, ele é tanto a visão ampla quanto o olhar para o detalhe, simultaneamente, um olho que percebe o todo e o detalhe ao mesmo tempo. É um superolho. Essa é a metáfora desse tipo de consciência: tanto a visão ampla quanto a visão do detalhe. Isso é tão extraordinário que imaginar esse tipo de consciência é imaginar

---

102. Ibid.

um deus, algo da ordem do divino. A essa inspiração os gregos antigos deram o nome de Zeus.

* * *

Zeus tem a ver com o exercício do poder, e no mito grego esse exercício tem a ver com justiça. Ser rei significa exercer a justiça. Isso é nítido na maneira como Zeus é imaginado. Ele é a apresentação da justiça, das leis que garantem a justiça. Esse mundo novo, nova ordem, só pode existir se houver leis, e instituições que possam garantir-se por leis. Do contrário, não temos um mundo organizado, um *kosmos*, não temos a *polis*, a cidade. Mas a justiça, do ponto de vista do mito grego, exercida ou representada por Zeus, depende, como vimos, do olhar. O que o mito está dizendo é algo muito contrário às concepções mais modernas que temos na filosofia do direito: se ele é a justiça, então ele é o olho da justiça. Esse olhar que conhece as coisas, promove justiça. De acordo com a concepção que está no mito grego, a justiça cósmica de Zeus, que não é a dos humanos, não é cega. A justiça para os gregos depende de um olhar, e um olhar muito complexo, muito atento, muito totalizante. São concepções completamente diferentes, e é bastante interessante podermos contrastar esses olhares, para usar a linguagem zeusiana: a justiça está no olho de Zeus, está representada por um olhar mais cuidadoso sobre as coisas, mais penetrante, e mais atento. A visão ampla e a visão do detalhe. Isso parece colocar as coisas nos seus lugares. Se a justiça vem de Zeus, então a justiça vem desse olhar. Assim, desse ponto de vista, a justiça é um modo mais cuidadoso de olhar para as coisas. E esse olho de Zeus será levado adiante por Atena, sua filha favorita.

* * *

Com Zeus e Atena temos a possibilidade de examinar os mistérios da psicologia da relação pai e filha. Dá-se muita atenção às relações da mãe com o filho, o mito de Édipo na psicanálise. Toda a dinâmica das relações de mãe e filho já foi muito explorada pela psicologia. O mitologema de Zeus e Atena dá-nos a possibilidade – e veja-se a linguagem de Zeus aproximando-se – de termos uma *visada* penetrante, um *insight* nos enigmas das relações entre pai e filha, todo um mundo muito complexo. Hillman entende que essa relação forma também uma "sizígia divina"[103]. Pois bem, um primeiro aspecto desse mundo é

---

103. HILLMAN, J. *A Blue Fire: selected writings by James Hillman*. Intr. e ed. de Thomas Moore. Nova York: HarperPerennial, 1989, p. 218.

o olhar, pois Atena herda o olhar do pai. Não por acaso, seu animal de poder, seu animal de força, é a coruja – e o que se sobressai na coruja é o olhar. Vejamos esses olhares mais de perto.

O olhar em Zeus é muito importante, pois ele é o grande observador, ele é quem nos olha de cima, é tido como um *sky god*, um deus celestial. Na concepção grega, celestial porque ele está em cima, porque se encontra no alto da montanha. Não é que ele esteja no céu exatamente; ele está sentado no cume de uma montanha, ou numa nuvem, olhando o que se passa lá embaixo com os humanos mortais na Terra. Ele está absolutamente atento, é dele essa onivisão. E esse olhar é um conhecer. Ele está longe, mas ao mesmo tempo consegue olhar de perto.

Nosso interesse é esse par, Zeus e Atena. Ela é sua filha, a princesinha, sua predileta. Inclusive, lembremos que ele pare Atena sozinho, o que já indica uma relação fortíssima entre eles. Ela é, de muitas formas, a continuidade de tudo aquilo que é o sentido de Zeus: justiça, ordem, lei, racionalidade, conhecimento, ordenação de todas as coisas, pois ela é a herdeira desse olho, e ela também é um olho. Ela é dita a dos olhos glaucos, olhos flamejantes, fúlgidos, de um brilho sinistro, um de seus epítetos, *Atena Glaukôpis*. É um olhar de fogo, o olhar terrível da deusa. Todas as descrições de Atena nos encaminham para o seu olhar agudo, e a principal imagem aqui é o olho da coruja (*glaúx*), animal que segue Atena aonde quer que ela vá. Este é um olho que nunca fecha – como o de Zeus, um olhar constante, nunca fecha, nunca dorme; ele é um deus "cuja natureza é totalmente estranha ao sono"[104]. Mas não porque ele tenha um "problema de sono". Ele é insone metaforicamente. Ou seja, ele é o que está vendo tudo ao mesmo tempo, sempre o onividente.

Essas ideias de onisciência, onividência e, de alguma forma, também de onipresença, firmam-se na divindade monoteísta. Elas já estavam presentes no mito grego, pois há uma divindade no cosmos da imaginação grega, Zeus, que apresenta essas qualidades. O mito monoteísta de alguma forma herda essas qualidades que não são, por assim dizer, novidade do monoteísmo judaico-cristão, ou mesmo islâmico. Essas qualidades são arquetípicas e estão presentes em alguma divindade qualquer que seja o ambiente teísta. Há sempre uma divindade que apresentará essas qualidades de onisciência. No mito grego, quem nos apresenta essa necessidade é Zeus. Assim, ele é insone nesse sentido de que está sempre de olho, sempre vendo aquilo que cria, porque está cuidando incessantemente

---

104. DETIENNE, M.; VERNANT, J.-P. *Métis: as astúcias da inteligencia*. Trad. de Filomena Hirata. São Paulo: Odysseus, 2008, p. 37.

daquilo que é a sua criação. Veremos que Atena leva esse olhar adiante e, portanto, está em analogia com a coruja, pois a coruja tem esse olho grande que também nunca fecha e que olha em 360°. Isso está em nós, um superolho, um superolhar.

* * *

Como já me referi em outras ocasiões, o estudo do mito, especialmente do mito grego, dá-nos a oportunidade de rever diversos conceitos e ideias que receberam inúmeras camadas de sentido ao longo de mais de dois mil anos de cristianismo, camadas quase sempre moralizantes. Um dos principais interesses no estudo do mito é podermos rever algumas ideias no seu substrato, diga-se, mais arquetípico. Os deuses e suas histórias nos apresentam essas grandes ideias – esperteza, ladroagem, comércio, maternidade, ciúme, virgindade, casamento, inveja, justiça – ainda sem a moralização dos séculos de tradição monoteísta judaico-cristã. Bem, isso acontece aqui com a ideia de patriarcado. A ideia de patriarcado que nos apresenta o mito grego, e a figura de Zeus especialmente, olha por um outro lado. Não é, claro, a única compreensão. A experiência de patriarcado, historicamente, foi cortada pela ideia de uma hegemonia poderosa e opressora do homem, do masculino – não apenas do pai, mas principalmente do esposo. Entendo que a ideia de patriarcado tem mais a ver, no seu substrato arquetípico, com a regência do pai, não necessariamente do masculino, do homem. Contudo, o patriarcado, da maneira como o experimentamos e vivenciamos, significa evidentemente a regência do homem, no sentido de uma regência opressora, e é aí que ele deve ser objeto da crítica sociológica, antropológica, feminista, histórica e psicológica, pois é sinônimo de uma relação de poder que se estabelece com base na opressão e na violência, na eliminação do mais fraco e do diferente, o patriarcalismo autoritário. Sabemos que normalmente o sufixo *ismo* determina enfermidade. Então o autoritarismo é a doença da autoridade. Podemos olhar a questão do patriarcado por um outro ponto de vista: a regência do pai, do pai atento que gera o mundo. Ou seja, patriarcado como mundos gerados a partir do pai. É claro que o mundo também pode ser gerado a partir da mãe, e então chamamos de matriarcado, que abriga outras dinâmicas, outras configurações, sentidos e polarizações.

Insisto neste ponto de que praticamos uma psicologia arquetípica, não uma psicologia de gênero. Ou seja, queremos ter acesso aos níveis arquetípicos dessas ideias. O exame de Zeus permite-nos verificar como essa energia está em nós, a energia da autoridade, da autoria, da justiça, da consciência, do paternal, daquilo que cria mundo, gera, distribui, organiza, legisla e cuida. Essa é uma energia arquetípica disponível o tempo todo. Nossa relação com ela dependerá de diversos fatores. Minha intenção é mais complicar do que simplificar. No exame de Zeus, temos a oportunidade de enxergar a psicologia da autoridade, que é muito complexa, que não é simplesmente mando e ordenação. Nela entram elementos de humor, de participação e, muitas vezes, retiro.

3 Métis e o nascimento de Atena

O nascimento de Atena revela muito de Zeus. O mito nos conta que a primeira mulher de Zeus foi Métis, a deusa. Pois bem, *métis* é também um princípio cósmico, de tal importância no pensamento grego que, em algum momento, foi personificado por uma divindade. Então, às vezes os gregos compreendem *métis* na forma de uma deusa. *Métis* é um tipo de inteligência. Jean-Pierre Vernant e Marcel Detienne procuram caracterizar o que é *métis* num importante trabalho. Alguns deuses têm *métis*, alguns humanos têm *métis*, alguns animais têm *métis*, outros não. Algumas ocupações exigem *métis*. É algo relevante para a concepção de mundo grega. Vernant e Detienne nos dizem que a *métis* é uma forma de pensamento, um modo de conhecer. Ela implica um conjunto complexo, mas muito coerente de atitudes mentais, de comportamentos intelectuais que combinam o faro, a sagacidade, a previsão, a sutileza de espírito, o fingimento, o desembaraço, a atenção vigilante, o senso de oportunidade, habilidades diversas, uma experiência longamente adquirida[105].

Portanto, *métis* é entendida como as astúcias da inteligência, ou a inteligência astuciosa. Ela tem um lado prático, está voltada para a solução de problemas do ponto de vista pragmático. É também a capacidade de antecipação de problemas. É a inteligência que está, segundo o mito, nos pescadores, nos caçadores, nos artesãos, nos construtores de navios, nos artistas, nos músicos: argúcia, sagacidade, astúcia, antecipação. É o que permite ao mais fraco ganhar do mais forte. Aquele lance de esperteza em que se ganha o jogo, em que se alcança um objetivo, quando, de alguma forma, antecipa-se uma situação para se sair vitorioso.

Entre os animais da *métis*, destacam-se a sépia, a raposa e o polvo; eles "são como a encarnação da astúcia no mundo animal"[106]. Ambos, raposa e polvo, distinguem-se pelas armadilhas engenhosas, mestres da dissimulação: "o polvo é inapreensível, sua *mekhané* permite-lhe confun-

---

105. Ibid., p. 11.

106. Ibid., p. 39.

dir-se com a pedra em que ele se fixa"[107]. A sépia, para os gregos, os moluscos, são animais que têm *métis*; a sépia, que solta sua tinta negra, cria ao redor dela uma obscuridade impenetrável, quando se defende dissimulando-se numa "nuvem onde se misturam e se confundem todas as rotas do mar"[108]. Os gregos aprendem sobre *métis* com esses animais.

* * *

Bem, há um pequeno mitologema que narra o nascimento de Atena. Ele inicia para nós a possibilidade de compreender as coisas. A primeira esposa de Zeus é a deusa Métis, porque em algum momento a imaginação grega diviniza esse conceito de *métis*, transformando-o numa deusa. Zeus casa-se com ela. Mas ele recebe um aviso de seus avós, Urano e Gaia, que dizem para o neto – um detalhe também bastante significativo, o fato de ser avisado pelos avós – que o filho que nascesse de sua esposa, justamente por ser filho de Métis, seria de uma inteligência tão extraordinária que o destronaria. Nesse momento,

---

107. Ibid., p. 43.

108. Ibid., p. 154.

Zeus já venceu Cronos, já venceu os Titãs, já é o regente, já estamos numa nova era, a Era de Zeus, ele já é o soberano. Então Zeus deseja impedir que isso ocorra. Aqui incide um outro mitema, muito importante na mitologia, que é *o medo do filho*, o medo do herdeiro, o medo do novo; é o que está presente, por exemplo, na história de Édipo. É um mitema que corre entre as narrativas lendárias e tem uma presença muito grande na imaginação mitológica grega: o medo da descendência. Zeus então, para resolver o assunto, engole Métis, engole a esposa. Vai à raiz do problema. Ele a engole para que ela não possa parir esse herdeiro que iria destroná-lo. Mas ela está grávida de Atena. Então Atena fica lá, dentro dele, e isso lhe causa uma imensa dor de cabeça. Zeus chama Hefesto, que tem muita *métis*, pois ele possui as habilidades do artesão, o artesão do ferro – Hefesto, curiosamente o único deus no panteão grego que trabalha. A atividade das artesanias exigem *métis,* porque lidam com a maneira como as coisas se trançam. Com isso, já estamos falando de liames, que será um dos nossos temas neste exame. E a maneira como as coisas estão tramadas também já foi chamada de Ananke (Necessidade), outra deusa, pois se compreende que há uma necessidade para que elas estejam tramadas de uma determinada forma.

Bem, agora o mito vai se complicando. Zeus chama Hefesto, que é o artífice cheio de *métis*, e com um machado ele abre a cabeça de Zeus, que então pare Atena. É um parto paternal. É um parto do homem. E Atena já sai de dentro dele toda adulta, de olhos acinzentados e brilhantes, usando uma armadura fulgurante, toda paramentada para a guerra e armada com a lança e o escudo, como sabemos. Ao nascer, ela solta um berro enorme que estremece o Olimpo, um grito de guerra ensurdecedor que assusta, chama a atenção dos deuses. É um nascimento impactante, que agita toda a natureza, os ventos e as marés. É uma deusa poderosa que está nascendo.

> O vasto Olimpo terrível
> estremece sob o impacto da olhicerúlea; pela terra toda,
> seu brado horríssono ressoa; abala-se o pélago e
> escapela-se de ondas purpúreas[109].

Ela é, em termos de geração, unígena, como dizem os mitólogos, ou seja, veio de um só. Então é um pai que gera a filha sem a mãe. Estamos falando de um relacionamento fechado entre pai e filha, um pai que gera e pare a filha sozinho, sem a intervenção do princípio materno. Ele pare e cria a filha, e estabelece uma relação erótica, amorosa, poderosíssima com ela e, claro, ela com ele. Ordep Serra,

---

109. *Hino homérico XXVIII a Atena.* Trad. de Luiz Alberto Machado Cabral. São Paulo: Odysseus, 2010, v. 9-12, p. 127.

nesse sentido, diz: "a condição que esse epíteto [unígena] evoca acentua a identificação da grande deusa com o Pai"[110]. Há um verso em *As eumênides* (736), de Ésquilo, que diz, numa frase da própria Atena: "Mãe que me tenha gerado não existe"[111]. Ela entende profundamente que foi gerada pelo pai. São os aspectos da psicologia da filha onde ela é gerada apenas pelo pai. Quando Walter Otto começa a descrever Atena, refere-se a isso: "Não a gerou mãe alguma. Ela só tem pai, e é toda dele. Esta ligação estreita e exclusiva é para Homero, quando este canta os deuses, um dos postulados mais firmes. [...] A filha emergiu da cabeça do pai"[112]. Há também essa metáfora: ela nasce da cabeça, o que já sugere argúcia, inteligência. Já é algo que indica um nível intelectual. Ou seja, a civilidade, o civismo, a democracia, a ordem de todas as coisas, que ela representa, são ideias; precisam estar constituídas como ideias, do contrário não se colocam no mundo, não teriam como se colocar em prática. Vir da cabeça significa vir da racionalidade, da capacidade de arrazoar as experiências.

---

110. SERRA. Op. cit., p. 483.

111. Apud, p. 483.

112. OTTO, W. *Os deuses da Grécia*. Trad. de Ordep Serra. São Paulo: Odysseus, 2005, p. 43.

Ela é criada pela geração de um só. É gerada dentro do pai e o pai a pare, um parto muito especial, pela cabeça. Todas essas imagens, que são muito impressionantes e tão ricamente metafóricas, apresentam-nos diversas facetas desse *eros* que liga pai e filha. O fato de ela ter nascido da cabeça já aponta uma relação marcada pelo intelecto, pelo pensar, pelo *animus*, pela visão racional das coisas e, portanto, que indica superioridade. Hillman refere-se a Atena como a epifania do *noûs* de Zeus[113]. Ela não nasce das partes baixas, da genitália, por exemplo, ou das pernas, da coxa ou do ventre. Ela nasce de "partes altas". Já é a metáfora de que ela carrega os altos ideais. Esses são o *animus* do pai. Ao nascer da cabeça de Zeus, Atena marca a superioridade de algo que está lá em cima. Portanto, tem a ver com os montes, os picos, a montanha do ser. Tudo aquilo que em nós está no alto da montanha – ou seja, o espírito, não apenas na sua forma transcendente, mas na sua forma imanente, ou seja, a intelectualidade, as ideias, a compreensão clara e nítida de todas as coisas, a absorção pela lógica, a presença do *logos*. A palavra *logos* teve uma importância muito grande entre os gregos. É uma palavra multifacetada, que diz muitas coisas. Atena é uma continuidade do espírito do pai e, portanto, um honrar

---

113. HILLMAN. "Athene, Ananke, and the Necessity of Abnormal Psychology". *UE*, 6, p. 65.

desse espírito, desse *logos*, que no caso é todo Zeus. Ela é a mais brilhante inteligência do Olimpo. As atividades do espírito, assim como estão carregadas por Atena, envolvem as artes, a filosofia, a literatura, a política, a estratégia, mas também o artesanato, a tecelagem, a cerâmica, que serviriam ao dia a dia dos mortais. Ou seja, as instâncias da cultura e da imaginação. Ela é uma deusa civilizatória, uma deusa cultural, preside sobre as atividades do espírito.

Na psicologia, podemos identificar a importância disso perfeitamente: ela carrega a possibilidade de termos altos ideais – civilidade, democracia, arte, literatura, a compreensão das coisas, os altos valores, as aspirações, aquilo que nos eleva, não no sentido moral, nem no sentido religioso ou transcendente, pois entendemos que ela é uma realidade da alma, uma metáfora para processos da alma, a saber, processos que nos elevam. Ela representa, em seu lado mais brilhante, esse movimento ascensional de elevação do espírito que se dá quando temos, mantemos e cultivamos altos ideais, seja do ponto de vista da sociedade como um todo, seja do ponto de vista individual. Trata-se da possibilidade de abrigarmos e perseguirmos esses ideais com estratégia. Ela é a estrategista, aquilo que pensa estrategicamente. O ponto interessante é ligarmos isso também à imagem das montanhas, do alto, da cabeça. A meu ver, esses dois aspectos se unem, se entrelaçam.

É preciso uma alta dose de estratégia, ou seja, é preciso estratégias inteligentes, ou da inteligência das estratégias, para se atingir os altos ideais que cultivamos. Essas duas realidades estão interligadas em Atena.

* * *

Narrando o nascimento de Atena, Junito Brandão, nosso mitólogo brasileiro, tem um pequeno trecho de que gosto muito porque apresenta, a meu ver, essa questão em Atena dos altos ideais. Isso já está marcado nesse momento. O sentido da clareza da mente e das elevações está presente no modo como Brandão o comenta. Nenhum nascimento, de nenhum outro deus, é descrito dessa forma:

> Seu nascimento foi como jorro de luz sobre o cosmo. Aurora de um novo mundo. Atmosfera luminosa semelhante à hierofania de uma divindade emergindo de uma montanha sagrada. Sua aparição marca um transtorno na história do mundo e da humanidade. Uma chuva de *neve de ouro* caiu sobre Atenas quando de seu nascimento[114].

---

114. BRANDÃO, J.S. *Dicionário Mítico-etimológico da Mitologia Grega*. Petrópolis: Vozes, 2014, p. 92.

Imaginem uma neve de ouro caindo sobre a cidade no momento do nascimento dessa deusa, quando da percepção dessa realidade pelos gregos. Ou seja, a aparição clara e nítida dessa realidade das coisas se dá quando simultaneamente imagina-se uma chuva de neve de ouro. Ele continua:

> Neve e ouro, pureza e riqueza, tombando do céu com a dupla função de fecundar, como a chuva, e de iluminar, como o Sol[115].

Veja-se este ponto: a dupla função de fecundar e de iluminar. É o que faz o intelecto verdadeiro. Chuva e ouro. Todos os deuses são estilos de consciência, são modos de se experimentar a realidade, mas com Atena estamos falando de consciência cujo estilo é a clareza, a intelectualidade, as ideias, os raciocínios, aquilo que ilumina. É muito diferente de uma consciência dionisíaca, por exemplo, que, ao contrário, se dá borrando os limites, borrando as fronteiras entre o racional e o irracional, que traz a consciência da irracionalidade. Do ponto de vista psicológico, o que está aqui é o ensinamento de que a mente clara, os raciocínios inteligentes, a percepção solar das coisas tem estas funções: iluminar e fecundar, clarear e gerar.

---

115. Ibid., p. 92.

Brandão diz que "sua aparição marca um transtorno na história da humanidade". Ora, a única maneira que tenho para entender isso é que ela traz uma nova ordem. Ela e Zeus, o pai e a filha, trazem a ordem civilizada da cidade democrática, onde podem fluir essas altas aspirações da convivência harmoniosa, dos produtos do espírito e a chegada da paz; tudo isso pode ser um transtorno. Atenas, a cidade, aqui também é uma metáfora, nossa cidade interior. A chegada da ordem em nossa vida pode ser um transtorno, transtorna aquilo que estava ali. É o esforço de segurar a própria bestialidade. Estamos voltados a entender a ideia de transtorno como algo que vem para desorganizar, mas na verdade, mais que isso, instaura uma situação de desconforto na medida em que é a modificação de uma organização, quando algo quer tornar-se em outro, trans-tornar.

O pensar que ilumina e fecunda: Zeus é um fertilizador, e Brandão fala de Atena também como uma fertilizadora. Talvez seja o que os antigos chamavam de *logos spermátikos*, aquele que fertiliza, que vai criando coisas. Pois bem, esse é claramente um aspecto da relação de pai com filha.

* * *

Ao engolir Métis, Zeus absorve a *métis*. Ele passa a ter *métis* dentro de si como nenhum outro deus, uma grande vantagem. Com apontam Vernant e Detienne, "doravante já não há *métis* possível fora de Zeus e contra ele. [...] Sua *métis* é a medida de todas as outras *métis*"[116]. Então ele incorpora à sua soberania, à sua superioridade extraordinária, ainda mais este elemento absolutamente decisivo. Ele passa a ser o único deus com *métis* dentro dele de uma forma plena. Entre seus epítetos mais importantes está *Zeus Polymetis*, ou *Zeus Metíeta*. Portanto, ele acaba "incorporando" essa capacidade de astúcia, de previsão, podendo prever aquilo que está vindo contrariamente a ele, a fim de desmanchá-lo. Zeus torna-se assim invencível, inalcançável. Ele acaba desenvolvendo um tipo de consciência total, absolutamente imbatível. Isso dá a ele a capacidade de uma soberania intransponível.

Esse é o mitologema. Para entendermos a coleção de metáforas e de sentidos que nele está, precisamos entender ainda melhor o que é a *métis*. Vejamos duas definições que aprecio muito, a primeira de Jean-Pierre Vernant:

> A *métis* é uma forma de pensamento, um modo de conhecer. Ela implica um conjunto completo mas coerente de atitudes mentais, de comportamentos intelec-

---

116. DETIENNE; VERNANT. Op. cit., p. 20 e nota 15.

tuais que combinam o faro, a sagacidade, a previsão, a sutileza de espírito, o fingimento, o desembaraço, a atenção vigilante, o senso de oportunidade, habilidades diversas, uma experiência longamente adquirida; ela se aplica a realidades fugazes, móveis, desconcertantes e ambíguas, que não se prestam nem à medida precisa, nem ao cálculo exato, nem ao raciocínio rigoroso[117].

É um tipo de esperteza. Então, *métis* é a inteligência astuta. Agora uma outra descrição, de Ordep Serra:

O nome comum *métis* designa um tipo de inteligência sagaz e ardilosa, esperta: uma astúcia inventiva, rica em táticas e tretas, transbordante de sutil criatividade, apta a "dar jeito" em qualquer situação. Assinala a disposição industriosa e flexível para a artimanha, que torna o sujeito sempre capaz de "virar-se bem" (como dizemos no Brasil), respondendo com sutileza aos desafios, reagindo de modo vivaz e hábil no confronto dos imprevistos. Implica o dom de adaptar-se a diferentes circunstâncias, mudando de forma conveniente; resulta uma sabedoria engenhosa, que inclui a lábia, os truques e engodos, a antecipação dos movimentos alheios, os jogos de armadilhas, a negaça, o discernimento, o tino, a finura[118].

---

117. Ibid., p. 11.

118. SERRA. Op. cit., p. 483.

Métis está presente nesta figura titânica da mitologia grega que é Prometeu. Prometeu é o que tem a *métis* antes, *pro-métis*: tem a capacidade de prever as coisas, como Serra descreve, "a antecipação dos movimentos alheios".

Vejamos a metáfora: Zeus é o deus dos deuses, o poderoso, o que nunca foi destronado. É onde a mítica grega chegou no seu ponto-final. Não há nada além de Zeus. Isso porque ele engoliu Métis, a esposa. Mas, quando ele a engole, ele também está tendo *métis*, essa antecipação astuciosa. Já havia *métis* em Zeus; ao engolir Métis, ela passa a ser nele, passa àquilo que também o compõe.

> Quando Zeus, ao termo dos mitos teogônicos, engole Métis, ele põe o ponto-final a uma evolução que, marcada por seus combates contra as potências primordiais de desordem, fez progressivamente emergir do caos original um cosmos organizado, diferenciado, hierarquizado e doravante estabilizado[119].

* * *

Atena é filha deste casal, Zeus, que tem Métis dentro dele, e Métis. Então, também ela é uma super *métis*. Ela

---

119. DETIENNE; VERNANT. Op. cit., p.122.

não chega a destroná-lo, porque ele tem *métis* dentro dele. Ao contrário, o que se instaura a partir desse momento é, a meu ver, uma relação amorosa. Não é mais um *eros* de destruição ou de sobrepujamento, de destronamento, como em tantos mitologemas de pais e filhos, mas um *eros* de continuidade de um legado. É isso o que, entre outras coisas, está em jogo na psicologia das relações entre pais e filhas.

Pois bem, nasce então essa menina, que de menina tem muito pouco. É tida como uma virago, meio menina meio menino, mulher cuja aparência assemelha-se à do gênero masculino, fanchona[120]. Ela também é sagaz, astuta, tem a esperteza da *métis*. Está entre as três divindades que os helenistas compreendem como as que incorporam o grande espírito grego propriamente dito: Zeus, Atena e Apolo, nesta ordem. Esse é o espírito da racionalidade, da lógica, do ordenamento cósmico. Ora, a representação maior de tudo isso para os gregos é a ideia de *polis*, a ideia da cidade democrática, uma ideia que pertence ao âmbito de Atena. É um modelo tão rico e tão impressionante que é o que dispomos até hoje para dar ensejo à difícil questão de vivermos juntos. Continuamos vivendo em cidades.

* * *

120. "Atena é mulher, mas parece homem. Falta-lhe mesmo o sentimento feminino que liga a mulher à mãe" (OTTO, W. *Os deuses da Grécia*. São Paulo: Odysseus, 2005, p. 46).

Atena é deusa que preside as atividades da guerra – e temos que entender o que é a guerra para ela. O fato de ela ser compreendida dessa forma também é uma metáfora, pois é a guerra no sentido da luta diária com os desafios e o encaminhamento dos problemas que nos aparecem. Resolução do ponto de vista inteligente, pois ela é a deusa das estratégias. Acionar Atena em nós significa convocar essa inteligência estrategista para resolver os problemas de altíssima complexidade que vivemos no dia a dia, tanto do ponto de vista do convívio com a realidade externa quanto do convívio com a realidade interna.

Como é a deusa da civilidade, ela preside sobre as artes e os artesanatos, os artistas, os artesãos, a manufatura das coisas, a tecelagem, pois se ela é filha de Métis, também apresenta inteligência prática aplicada. É tida, entre outras coisas importantes, como a protetora das cidades, ou seja, sua energia é aquela que institui e protege a possibilidade que garante a *polis*. Ela protege as cidades e os portos – há nela todo um sentido de defesa, que logo examinaremos, porque é uma defensora das cidades. Entenda-se cidade metaforicamente, ou seja, tudo aquilo que pode se organizar dentro de nós harmoniosa e pluralmente. Ela defende a cidade e os portos para que não sejam invadidos e destruídos por elementos de fora, hostis. Ela está defendendo a possibilidade de uma ordem civilizada. Ora, a ordem civilizada, para a imaginação grega, é a cidade, que se coloca como realidade a partir das instituições, das leis.

* * *

As relações que se apresentam no mito formam um tecido que geralmente envolve diversos fios, uma tecitura sempre polifacetada, uma rede politeísta. Podemos, um pouco arbitrariamente, isolar a relação de Zeus com Atena, mas certamente entram nela, de forma mais imediata, ainda outras instâncias mitológicas da maior importância, que são Ananke – que é a palavra que traduzimos normalmente por necessidade – e também Métis, como já vimos. São termos muito importantes no pensamento mítico grego, tanto *métis* quanto *ananké*; são, inicialmente, princípios cosmogônicos, ou cosmológicos. Ou seja, num primeiro momento essas ideias não são entendidas de modo personificado, mas são princípios que perpassam todas as coisas, de tal forma fundamentais (no sentido ser fundamento das coisas), que passam, em algum momento, a ser compreendidas personificadamente na imaginação grega: Métis vira uma deusa, e será justamente a primeira esposa de Zeus, e Ananke, já na *Ilíada*, é tida ou referida como uma deusa, como uma entidade divinizada. Com Ananke a situação é ainda mais delicada e misteriosa porque, mesmo quando se apresenta como deusa, não tem representação, não tem imagem, sem iconografia, seja plástica ou literária. Ela escapa à representação, e isso faz parte da ideia de necessidade.

Essas duas forças, digamos assim, incidem em Zeus e em seus movimentos, e evidentemente também na relação de Zeus com Atena, com a filha. Em Zeus, evidentemente, Métis tem uma participação muito importante, como vimos. Veja-se agora ainda um outro aspecto. No episódio em que ele engole a esposa há a sugestão de um tipo muito interessante de solução de problemas. Engolir os problemas é uma metáfora para pensarmos sua resolução. Isso merece alguma reflexão. Evidentemente que estamos falando de engolimento de um determinado ponto de vista, pois engolimento, mesmo na mítica, pode assumir muitos outros sentidos. Mas, desse ponto de vista, é claramente a indicação de um caminho para a resolução de problemas, e é uma estratégia interessante, pois no engolimento você absorve a coisa que está engolindo, que vira você. Diz-se, torne-se amigo do seu inimigo, numa compreensão mais secular. Ora, se algo é ameaçador, junta-se a ele e ele deixa de sê-lo. A oposição sempre aumenta o tamanho das coisas. Opor-se a algo altera seu tamanho. Então juntar-se, quando algo é especialmente problemático ou ameaçador, implica despotencializá-lo. Nossos problemas são tanto maiores quanto mais distantes estivermos deles, ou mais distantes estivermos do objeto que os provoca. Assim, aproximar-se do objeto do medo, ou aproximar-se do próprio medo, é uma estratégia muito interessante. E o ponto culminante dessa estratégia, para usar uma retórica zeuziana, é engolir o próprio problema. Aí ele fica completamente despotencializado, e temos que entender o que é a metáfora do engolimento neste caso. Engolir inicia uma digestão; gestar e "di-gestar", digestir. Digestir significa quebrar – realizar a digestão, digerir, ter capacidade para aguentar ou suportar algo. Sistema digestório. Digestão é uma gestação por quebra, como refere o prefixo *di-, dis-, des-* (do latim: separação, divisão, afastamento). Digestão é gestar alguma coisa quebrando-a, separando-a. Ora, quando você divide algo, você evidentemente o enfraquece. Não há melhor maneira de enfraquecer algo do que dividi-lo. Muitas mães perversas sabem disso na família. "Dividir para governar", não é esta a fala de um poder perverso? Mas não estou falando aqui de perversidade; falo de digestão propriamente dita. Para digerir alguma coisa você tem que quebrá-la; o estômago funciona dessa forma.

Então você divide para incorporar. Em seguida, vem esse segundo momento, que no processo digestivo fisiológico está no nível mais profundo, no nível intestinal. Falamos de um plano intestinal das coisas, onde então pode haver o grande mistério da alimentação e da digestão, que é a *assimilação*. São metáforas interessantes para a solução de problemas, e Zeus o indica ao engolir Métis. Vejam, o engolimento que Cronos faz de seus filhos tem outro sentido, ligeiramente diferente, e não podemos entrar nisso aqui. Nem todo engolimento é igual. Há coisas, inclusive, que não engolimos. O engolimento é também politeísta. Há várias maneiras de engolir as coisas, e de não as engolir[121]. Zeus apresenta uma imagem potente para a solução de problemas. Ele engole Métis e a incorpora, absorve-a. Métis está dentro dele e ele acaba por conter a *métis*. Portanto, aquilo que era um problema lá fora, vira uma capacidade aqui dentro. Vejam que interessante essa mudança, é uma quebra de paradigma, porque você torna o problema em uma força, ou seja, aquilo que era ameaçador é transformado em potência dentro de você. É isso que Zeus faz com Métis. Então ele já tinha *métis*, ou seja, uma boa dose de inteligência prática, previdenciária, astuciosa. Inteligência, astúcia, sagacidade -- todas essas inúmeras

---

121. Para uma discussão sobre a psique do engolimento, cf. BARCELLOS, G. *O banquete de psique*. Petrópolis: Vozes, 2016.

características que compõem a *métis*, ele de alguma forma já as tinha. Engolir Métis que o ameaça já é um gesto de *métis*. Ao engoli-la, absorvendo a própria deusa, torna-se invencível; é o momento em que ele se torna de fato o rei dos reis, incontornável, o poder máximo. Nada, absolutamente nada, consegue ultrapassar Zeus, em boa parte por ter engolido Métis.

"O que não me mata, me fortalece" – uma versão, digamos, "cristianizada" daquilo que estamos abordando no plano mítico. Ou seja, junte-se às forças que te opõem. Uma certa sabedoria perpassa essas locuções seculares. Zeus está indicando a última coisa em que se pensaria: unir-se ao seu inimigo. Aqui a resistência é muito grande: engolir o que o ameaça, aquilo que é um problema para você. É a última fantasia que teríamos, creio eu, diante das coisas ameaçadoras ou problemáticas. E, no entanto, é isso que Zeus faz, é seu procedimento, o que já mostra uma inteligência extraordinária.

Temos que diferenciar esse gesto daquilo que a psicologia chama de defesa contrafóbica – aquela pessoa que, por exemplo, tendo medo de altura, pula de paraquedas. A diferença é que alguém faz isso sem pensar, não é refletido, é compulsivo, está na área da defesa, da atuação. É um *acting out* do próprio medo. Não tem inteligência reflexiva. No gesto de Zeus há uma inteligência reflexiva. Claro, isso não está explícito nos mitos, na narrativa. Estamos percebendo na imagem mitológica que houve um pensamento. Zeus é um *noûs*, o intelecto no seu aspecto mais claro. Imaginamos que isso é fruto, portanto, de um arrazoar, ou seja, o pensar lógico sobre alguma coisa – e não, por outro lado, de uma racionalização, porque esta é um processo defensivo. O que Zeus faz é fruto de um pensamento estratégico. Na defesa contrafóbica não há um engolimento, ou, se houver, é um engolimento oposto, digamos, você que está sendo engolido pelo medo, muitas vezes ao ponto da extinção. Não é uma solução. Você está sucumbindo ao medo e não propriamente arrazoando-o.

Estamos falando de interiorização, engolimento no sentido de incorporação e, num imaginário bem digestivo, um processo de assimilação. Pôr para dentro os problemas. E isso faz parte da psicoterapia porque, até serem trabalhados em terapia, os problemas estão fora. A maioria das pessoas trata os problemas como se fossem o Outro, e são mesmo o Outro, mas até certo ponto. Eles talvez só passem a ser resolvidos – "resolver", palavra difícil de usar – no sentido de uma dissolução, quando forem interiorizados. Esse é o gesto da terapia. O gesto terapêutico, da maneira como nós o compreendemos na psicanálise, é justamente este, interiorizar. O problema não é seu; o problema é "você". Você não tem um problema, você *é* um problema. Ele é você. É preciso interiorizá-lo para que ele possa se mover, mover-se para fora dessa maldição, que o congela, de ser um problema. Eu não tenho dúvida de que os problemas não gostam de ser problemas. Ou, para dizer de outra forma, nenhum problema gosta de ser encarado como um problema, porque no fundo eles são uma solução. Enquanto você encará-los como um problema, isso é muito problemático para o problema. Essa é uma elaboração do que ensinou Jung. Sua visão é que aquilo que chamamos de patologia são caminhos de cura. Ou seja, nenhum problema gosta de ser chamado de problema. Então, interiorização me parece ser exatamente incorporar, o gesto de Zeus. Quando o incorporamos, ele deixa de ser um problema no sentido de alguma coisa com a qual me relaciono do ponto de vista de algo externo a mim, como na matemática. Quando fazemos essa virada e engolimos o problema, ele passa a ser uma proposição imaginativa, o modo como nos imaginamos.

Esta compreensão – os nossos problemas são encarados como problemas enquanto estiverem fora de nós, enquanto não tiverem sido engolidos – diz algo realmente interessante: engolir Métis é engolir todas as possibilidades que ela poderia ter contra ele se estivesse fora dele.

Essa é, portanto, uma cena muito paradigmática na mitologia e também entre os mitologemas de Zeus. É bastante inaugural na sua figura, um dos primeiros de seus gestos. Significa que *métis* é a *governabilidade* de Zeus. A governabilidade de Zeus é sua *métis*, ou a *métis* dá a Zeus a sua extraordinária capacidade de governança, pois se trata de uma consciência que consegue enxergar muito mais longe. Entenda-se governo do ponto de vista arquetípico; a governabilidade de Zeus é de tal forma extraordinária, intransponível e perfeita, exatamente porque, aliada a outras características, tem *métis*. É Métis incorporada a Zeus que faz dele finalmente um regente completo. Aqui há outra metáfora interessante: não há governabilidade de fato sem uma inteligência astuta, previdente e prática. *Métis* é uma inteligência voltada para a resolução de problemas práticos. Atena também tem *métis*, também representa essa capacidade de resolver os problemas práticos da vida por meio da inteligência. Ora, qual é exatamente o nome dessa capacidade? Estratégia. E isso está incorporado em Atena, o espírito da estratégia. E esse é o verdadeiro sentido de ela ser uma deusa da guerra. Ela não é uma deusa da guerra como Ares, do confronto apaixonado e próximo. Ares é a guerra no sentido homem a homem, pessoa a pessoa, sangue nos olhos, vencer de qualquer maneira, ataque, força física, capacidade, resistência, brutalidade, a continuidade da guerra. Ou seja, vencer as coisas por proximidade, confronto. Ares é um deus da proximidade. Atena também; um dos seus epítetos é "a de perto", como menciona Kerényi[122]. Mas, da perspectiva da deusa estrategista, ela ganha a guerra por distanciamento, que é frieza de raciocínio.

Atena é a deusa da guerra num sentido mais sofisticado, mais complexo. Metaforicamente, é a batalha do dia a dia com os problemas práticos. Temos que viabilizar uma vida, ter uma profissão, pagar contas, casar-se com alguém e viver junto razoavelmente bem. A batalha da vida, essa é a guerra de Atena, e ela quer justamente que a realizemos de forma política, ou seja, com inteligência estratégica e razoabilidade. Ares é a guerra no sentido da proximidade do inimigo, e Atena é a guerra no sentido de um distanciamento. Ela ganha a guerra porque a pensa. Ora, sem estratégias, não chegamos a lugar algum. Estamos sempre imaginando estratégias, não há uma vida em que Atena não esteja presente. Fazemos isso melhor ou pior, mais conscientes ou mais inconscientemente. Mas queremos sempre chegar a algum lugar, temos intenções de vencer, realizar ou conquistar alguma coisa. Portanto, é muito im-

---

122. KERÉNYI, K. *Athene: Virgin and Mother in Greek Religion*. CT.: Spring, 2008, p. 34.

portante imaginarmos essa deusa. Atena, na sugestão de Hillman, é a deusa por dentro das nossas estratégias. Estamos em estratégias o tempo todo.

Atena pensa sobre a ação. Ares é ação irrefletida. Evidentemente que há momentos na vida em que precisamos exatamente disso, ir direto ao assunto, enfrentar, confrontar, arianos. No politeísmo, cada deus tem o seu momento, cada situação tem o seu deus com o qual viver aquela situação, que é dele. A pergunta é: "a que deus pertence esta situação?" Esta pergunta grega é uma pergunta psicológica.

A metáfora que nos diz que a vida é uma batalha é muito importante, e está presente tanto em Ares quanto em Atena, mas não como para o herói. O herói também está nessa metáfora, mas num sentido diferente. Nele há sempre alguma qualidade mais muscular, mais literal. Também para o herói a vida é uma luta. Guerra é uma narrativa especialmente importante na nossa leitura psicológica, uma metáfora para entendermos que há sempre uma luta na vida, uma batalha. A vida não é só isso, evidentemente, é também uma festa, é também o amor, a beleza, outras tantas coisas descritas por outros muitos deuses. Mas esse viés que estamos examinando nos diz que a vida é uma luta. Então, há momentos em que temos que estar com Ares, enfrentando e vencendo diretamente as coisas.

Com Atena temos também essa concepção de que devemos vencer, não pelo desempenho da luta próxima e física e da matança sanguinária, mas pela estratégia, pela inteligência, pela distância racional que pensa sobre os movimentos.

Ela é também a deusa que inventou o arreio, um ponto que devemos examinar psicologicamente. Ou seja, é a deusa inventora dos freios. É dela a invenção das rédeas que controlam os cavalos. Assim, toda estratégia e a ideia de vencer por inteligência tem a ver com acionar freios dentro de nós, ou seja, limitar a continuidade de um movimento. Tem a ver com frear, com conter a energia impulsiva, a exacerbação, o que é em si muito difícil, pois requer um nível mais sofisticado de elaboração das coisas, ao invés da ação irrefletida. "A alma necessita dos freios providos pela sabedoria e cautela de Atena"[123]. Frear é também guiar, o que está em consonância com o aspecto conselheiro da deusa. É quando pensamos duas vezes, e três vezes, e quatro vezes antes de agir. É quando nos seguramos antes de dizer ou fazer algo. Mas esse não é o freio da repressão, quando reprimimos os sentimentos; tem a ver com controle, com cautela; dar uma direção. Limita-

---

123. LÓPEZ-PEDRAZA, R. *Ártemis e Hipólito: mito e tragédia*. Trad. de Roberto Cirani. Petrópolis: Vozes, 2012, p. 26.

ção não é repressão. Há encaminhamentos que só podem ser acionados se houver uma contenção. Essa é uma lição interessante que vem de Atena. E ela já é em si mesma essa imagem, porque já nasce toda paramentada para guerra, com capacete, escudo e lança. Ou seja, ela já está contida, já é uma imagem de contenção. É também uma extraordinária imagem de defesa.

Mas trata-se, em Atena, de uma contenção com reflexão. Essa contenção só acontece porque é reflexiva. O que nos diz que a reflexão é um continente. É o contrário da impulsividade. Contenção já faz imagem. Ora, o que é a reflexão? *Reflexio* é voltar-se de novo sobre algo, voltar-se para dentro, ou sobre si mesmo. Refletir, fletir de novo. Então a reflexão é uma parada[124]. Para Jung, lembre-se, psicoterapia é reflexão nesse sentido, uma parada da vida, *contra naturam*, o momento da análise como um momen-

---

124. "A reflexão não deveria ser entendida simplesmente como um ato do pensamento, mas sim como uma atitude. É um privilégio nascido da liberdade humana em distinção à compulsão da lei natural. Como a própria palavra confirma ('reflexão' significa, literalmente, 'virar-se para trás'), a reflexão é um ato espiritual contrário ao processo natural, um ato por meio do qual nós nos detemos, recordamos alguma coisa, formamos uma imagem, encetamos uma relação e chegamos a um acordo com aquilo que vimos. Portanto, a reflexão deve ser entendida como um ato de *tornar-se consciente*" (JUNG, *OC*, 11, § 235, nota 9). Cf. tb., sobre a concepção de reflexão em Jung, Psychological Factors Determining Human Behavior. *OC*, 8, § 232-262.

to de parada. Não estamos no fluxo dos acontecimentos, mas paramos para refletir. Estamos inclinados sobre nós mesmos[125]. Refluindo. A reflexão é um refluir momentâneo. A esse continente que a contenção cria chamamos alma: um vaso.

Atena é dita, por Walter Otto, a que está perto. Ela chega no ouvido dos heróis, seus prediletos, e diz, "não é assim, pense melhor, espere. Não dispare ainda a lança". São momentos que nos exigem muitos esforços. Quando alguma coisa nos pega emocionalmente, nossa resposta mais imediata tem um caráter mais apaixonado. Você quer dizer ou fazer algo imediatamente, re-agir, e muitas vezes isso não é inteligente do ponto de vista de ganhar a batalha, de bem-suceder.

---

125. Cf. "Prática imaginal: reflexões sobre clínica". *Voos & raízes: ensaios sobre imaginação, arte e psicologia arquetípica*. São Paulo: Ágora, 2006, p. 130: "O movimento reflexivo da curvatura, da intenção oblíqua, de uma atitude que se curva e não se retifica, parece dado na fantasia etimológica de origem da própria palavra. Fantasias etimológicas nos servem para a desliteralização das noções, e sabemos o quanto a psicologia arquetípica se vale delas. Na origem, 'clínico' significa 'pender', referindo-se àquilo que se inclina (no caso, sobre o leito do doente, pois *kline* é a beira da cama). 'Clínico' é aquele que tira suas conclusões da beira da cama; ou seja, diretamente, pela observação próxima, na experiência direta. A mesma raíz, *klin, kline*, lança, portanto, ambos os sentidos de 'leito', 'repouso', e 'inclinar', 'dobrar'. Na clínica, estamos in-*clinados*, ou re-*clinados*, para perto de onde algo repousa esperando por esta aproximação direta".

O mito grego e as figuras míticas trazem paradoxos. Ao mesmo tempo em que Atena é dita "a de perto", a ação refletida é aquela que pensa sobre as consequências; estratégia é o olhar para o futuro, projetar a consequência das nossas ações, e, portanto, para refletir precisamos nos distanciar. Mas ela é entendida como uma deusa próxima porque é a deusa do bom conselho. É a garota papo firme, dá instruções diretas aos heróis. O bom conselho é dito ao pé do ouvido, na proximidade. Não há bom conselho dado no púlpito. Conselho de púlpito é dogma.

Há, nesse ponto, uma conexão que também precisamos mencionar entre Atena e Apolo, pois os dois são deuses do espírito. Ao mesmo tempo em que se diz que Atena é aquela sempre presente, sempre próxima, Apolo, ao contrário, é o deus da lonjura, o deus da distância, e do conhecimento por distanciamento. Apolo é a racionalidade, a compreensão que vem por distanciamento. Então, Apolo é o longe, Atena é o perto. São dois aspectos do espírito, duas intensidades da luz, duas faces da razão. Uma, Apolo, podemos equacionar com conhecimento, outra, Atena, com sabedoria. A luz, a compreensão, tem muitas faces. A razão não é um bloco, algo único. O mito também nos entrega a percepção dessa duplicidade.

4 Atena de olhos glaucos

Quero tentar caracterizá-la um pouco mais. Ela nasce da cabeça do pai, Zeus; ela nasce do pico, do cume, do alto da montanha. A cabeça é o nosso pico. Não por acaso, as imagens do mito estão absolutamente entrelaçadas: a filha emerge da cabeça do pai, e já está no alto, como uma emanação do espírito, daquilo que está na altura. Veja-se como Walter Otto desenha alguma caracterização da deusa:

> A divina clareza da ação pensada, a disponibilidade para o mais vigoroso e implacável, a incessante vontade de vencer, tudo isso, ainda que soe paradoxal, é dádiva da mulher ao homem, que por natureza é alheio ao momento e aspira ao infinito[126].

> O gênio da vitória [...] clareza e força a fim de levar a cabo uma obra [...]. Atena a imagem da perícia [...]. Só a vitória consuma seu mundo[127].

Também Kerényi, diz sobre ela:

> Dela os humanos recebem os materiais para todas as artes que embelezam a vida, e dela os metalúrgicos e os fabricantes de armas, as donas de casa e tecelãs recebem suas habilidades artesanais. [...] Ela deu aos hu-

---

126. OTTO, W. *Os deuses da Grécia*. São Paulo: Odysseus, 2005, p. 47.

127. Ibid., p. 48, 49, 51.

manos o arreio com o qual os homens puderam domar o cavalo para seus propósitos[128].

Podemos ver como ela simboliza essa energia que freia a ação irrefletida, o cavalo solto, a habilidade crua. Uma metáfora interessantíssima com relação ao domínio do lado instintivo e emocional, que dá lugar a uma ação refletida, clara e inteligente.

A tese de Kerényi, coração de sua monografia sobre Atena, é de que ela é uma imagem paradoxal, de que há nela uma tensão, pois ela é, ao mesmo tempo, *parthenos*, uma deusa virgem, e mãe, *méter*[129]. Então, Kerényi nos ajuda a caracterizar essa energia também em nós: essa tensão e a possibilidade paradoxal da presença simultânea dessas duas instâncias, a virgindade e a maternidade. Ela é uma "mãe virgem". Ela também é referida por ele como "aquela que está sempre perto"[130] – isso porque ela chega perto e sopra direções no ouvido dos heróis. Aquele momento decisivo é o momento em que ela aparece e dá a indica-

---

128. KERENYI, K. *Athene: Virgin and Mother in Greek Religion*. CT.: Spring, 2008, p. 15.

129. "Diferentemente de Hera e Ártemis que não eram abordadas nos cultos gregos com o termo Mãe, Atena era chamada Meter". Cf. HILLMAN, J. "Athene, Ananke, and the Necessity of Abnormal Psychology". *UE*, 6, p. 66.

130. KERENYI. Op. cit., p. 34.

ção de como vencer a batalha. Então ela é próxima. Otto confirma: "Atena é deusa da proximidade;" "Onde quer que feitos notáveis se realizem e se crie o ânimo heroico, ela está presente"[131]; heroico, aqui, no sentido realizador. Então ela está presente no momento em que você, podendo perder o controle, a inteligência, não perde; você pensa, "não, não vou fazer isso, não é inteligente, não vou ganhar nada com isso". Reconhecemos esses momentos. O freio do cavalo. Frear-se, para assumir uma ação mais inteligente – isso depende de Atena. E, segundo sua perspectiva, isso garante vencer a batalha, garante chegar mais longe. Esse momento depende de Atena, da nossa relação com essa energia. Ora, estar muito próxima dos homens, especialmente dos heróis, protegendo-os – aí está o seu aspecto maternal. Ela guia os humanos com um cuidado maternal. Sim, virgem e mãe ao mesmo tempo.

Os heróis são seus prediletos porque são aqueles que vencem, os que realizam algo, e ela é uma deusa realizadora, a deusa que nos põe no mundo fazendo coisas. Ela traz esse senso prático, a energia que nos coloca no mundo realizando projetos e vencendo batalhas. Mas não como os heróis, embora os heróis sejam seus protegidos. A metáfora, na minha opinião, é mais ampla, pois ela não é exa-

---

131. OTTO. Op. cit., p. 45, 46.

tamente uma deusa da batalha em si. Ela nos ajuda a realizar as coisas, sem essa energia não vencemos as batalhas da vida, pois ela tem *métis*, tem a perícia, o senso prático, o tino, a sagacidade, que nos ajuda a vencer os projetos que nos determinamos a realizar. É somente nesse sentido que ela é a energia da batalha. "Atena é o espírito da conquista, da competência, da ação no mundo. [...] Atena nos mantém no 'mundo real'"[132] – então ela é a batalha no sentido da conquista, no sentido da competência, da ação no mundo. Como resolver problemas. Estamos falando da *polis* e da civilidade, que ao mesmo tempo podem ser revertidas metaforicamente nas nossas realidades interiores, na nossa cidade interior. Como resolver as demandas contraditórias da nossa cidade interior? Como encaminhá-las de uma maneira harmoniosa, coerente, racional?

5 Virgindade

A ideia de virgindade no mito grego é muito diferente daquela do ambiente cristão. Como se sabe, são três as deusas que apresentam a ideia de virgindade na mitologia clássica: Ártemis, Atena e Héstia. Queremos chegar ao plano arquetípico do que é a virgindade, não no seu aspecto moral.

---

132. STEIN, M. "Postscript". In: KERENYI, K. *Athene: Virgin and Mother in Greek Religion.* CT.: Spring, 2008, p. 95.

Kerényi nos ensina que a virgindade significa uma mulher que é psicologicamente independente. Aponta-se para uma outra realidade da alma: a realidade da independência. Em Ártemis, a independência apresenta-se como natureza indomável; vem a partir da psicologia de sua relação com o irmão, Apolo, pois o que mais caracteriza a psicologia de Ártemis é o laço fraternal. Apolo e Ártemis são quase a mesma pessoa, como dois lados de uma mesma figura. Ártemis é filha de uma família matriarcal. Embora Leto, sua mãe, tenha uma importância relativamente grande no mito, o que define Ártemis, no entanto, é a relação com o irmão, que é mais determinante na sua psicologia. Em Atena, por outro lado, a ideia de virgindade como independência aparece na determinação inalterável e na autossuficiência. Vem a partir da psicologia de sua relação com o pai. Essas são duas concepções do que seja a virgindade do ponto de vista mitológico, ou mesmo arquetípico – muito diferente da questão da castidade, da questão moral, ou mesmo do que é celibatário. Em terceiro lugar, a independência de Héstia dá-se em relação à preservação do doméstico, a preservação daquilo que é o lar: só é um lar, com foco, fogo, uma lareira, se estiver fechado e for uma unidade independente, que se sustenta a si mesma. Então entramos na psicologia de Héstia, que é, também a seu modo, a psicologia da independência. Héstia se coloca como a energia que pode constituir um lar. Só ao se fechar, só se for virgem no sentido da independência ou impenetrabilidade, teremos um lar.

Em Ártemis, temos a oportunidade de vislumbrar a psicologia da relação de irmão com irmã. Em Atena, temos a oportunidade de vislumbrar a psicologia da relação de pai e filha. O mito compreende que essas relações podem ser fontes de independência.

Podemos ainda refletir que em Ártemis temos a tensão entre selvagem e domesticado; em Atena, entre cidade e barbárie; e em Héstia, entre privado e público.

6 A psicologia da relação pai e filha

O aspecto mais interessante no exame dessas duas figuras, Zeus e Atena, dá-nos a oportunidade de compreender um pouco melhor a psicologia da relação do pai com a filha. A psicanálise evidentemente colocou a ênfase na relação mãe e filho com o mito de Édipo: as relações da mãe com o filho, do filho homem com a mãe, e o mistério que existe nessa relação parece ter capturado a imaginação da psicologia profunda, e mesmo da psicologia junguiana. Há bibliotecas de estudos sobre essa relação, ela é paradigmática. Esta relação da mãe com o filho, ao menos na primeira tópica freudiana, é tida como a chave para se entender a alma humana. O complexo de Édipo é a chave que abre todas as portas, que explica o mistério psíquico como um todo[133]. Isso é, claro, bastante monoteísta; elevar esse mitologema no nível de ser o índice da compreensão de tudo que é psíquico, da psicologia de homens, de mulheres, de meninos, de meninas e de tudo aquilo que é humano e do gênero, parece evidentemente bastante monocêntrico. Com o exame de Atena e Zeus, podemos observar os mistérios dessa outra relação tão paradigmática, ou seja, os desafios e a complexidade amorosa que existem na relação de um homem com a sua filha moça.

Há uma imagem, que gostaria de salientar de início, que Kerényi, em sua monografia sobre Atena, reproduz *en passant* para caracterizar esse amor, citando Max Kommerell, que é o beijo entre o pai e a filha: este é um beijo na fronte[134]. É, para mim também, uma das imagens paradigmáticas desse amor – o beijo do pai na testa da filha. Uma imagem que pode nos abrir a porta para entendermos o tipo de *eros*, de mistério amoroso que está apresentado nessa relação. Não quero explicar demais esta

---

133. "É a chave-mestre da psicanálise. É o conceito soberano que gera e organiza todos os outros conceitos psicanalíticos e justifica a prática da psicanálise" (NASIO, J.-D. *Édipo: o complexo do qual nenhuma criança escapa*. Trad. de André Telles. Rio de Janeiro: Zahar, 2007, p. 17).

134. KERÉNYI. Op. cit., p. 7, 8: "Aquilo que existe mas que de fato não acontece seria calado num beijo, o toque de lábios e fronte".

imagem, pois ela, usada aqui nesse sentido, nos traz algum desconcerto. Normalmente, não nos detemos no exame desse beijo; queremos examinar outros beijos, de outros amores, talvez mais atraentes – o beijo na boca, principalmente, e também o beijo nos lábios. O menino Eros, por exemplo, beija a mãe Afrodite no lábio, no canto da boca, em outra imagem paradigmática, extremamente incestuosa, muito sensual, pintada por Angelo Bronzino em Florença, em 1545. E há o beijo no rosto, e ainda o beijo nas mãos, ou nos pés. Há muitos beijos, e cada um é uma imagem arquetípica, com um sentido simbólico, poético e erótico particulares. Segundo Bachelard, "a psicologia dos lábios mereceria, por si só, um longo estudo"[135]. Em última análise, o beijo sempre nos apresenta um mistério. Esse beijo do amor do pai pela filha é um beijo na fronte.

Atena sempre repete: "sou toda do pai". Nesse momento, deseja esse beijo, que sela esse amor protetor. Faz-nos lembrar daquela famosa canção interpretada por Marilyn Monroe, *My Heart Belongs to Daddy*[136]. Esta canção tem

---

135. BACHELARD, G. *A água e os sonhos*, p. 122.

136. Canção composta por Cole Porter em 1938, está na comédia romântica norte-americana de 1960 *Let's Make Love* (*Adorável Pecadora*), dirigida por George Cukor e estrelada por Marilyn Monroe, com Ives Montand no elenco. Os primeiros versos da canção dizem o seguinte: *"While tearing off a game of golf/I may make a play for the caddy/But when I do, I don't follow through/Cause my heart belongs to daddy..."*

um aspecto arquetípico. É a frase de Atena: o meu coração pertence ao papai, *mon coeur est a papa*. Ela canta também Happy Birthday para o presidente dos Estados Unidos. E ela a canta de uma forma completamente açucarada. É uma canção que também nos conta desse *eros*, uma face importante desse amor da filha pelo pai. E quando ela canta, está docemente derretida nesse amor pelo pai. Esse seu *daddy* é um *sugar daddy*, que é o presidente John Kennedy, o "pai" da Nação, um tipo de pai coletivo. Um presidente queridíssimo, e ela está dizendo: "vocês gostam dele? sim, mas sou *eu* a sua queridinha..."

Há algo na psicologia da relação da filha com o pai que tem a ver com continuidade, com uma parte do coração que pertence ao *daddy* – algo também açucarado. Aqui estamos longe do *animus*, ou mesmo da mente. Isso nos dá uma outra condição para entender a formação do *animus* na mulher, diferente da compreensão junguiana mais tradicional, muito conceitual, que não entende o açúcar dessa relação. Rafael López-Pedraza observa nesse ponto:

> Seu nascimento do pai tende a ser interpretado como uma identificação inconsciente da filha com o pai. Esta se produz particularmente quando o pai é um homem brilhante e a filha mimetiza suas proezas, tenta seguir a profissão do pai, reverencia o espírito e o intelecto paternos. É a filha cujo *animus* emana direta e forte-

mente do pai. Essas são as conexões mais comuns que se fazem a partir da mitologia do nascimento de Atena e que deram origem a uma redução da personalidade em questão[137].

Atena tem a ver com a continuação do olhar do pai, como venho argumentando. Ela continua, digamos, a "missão" do pai. Ela é a deusa da principal cidade grega naquele momento, Atenas. Está sob seu poder a própria constituição da *polis*. Atena é a vida urbana, no sentido de como o viver junto pode ser organizado. Ela é a insinuação de uma possibilidade de vivermos juntos em algo que se chama *polis* e que tem que funcionar. Atena é o sentimento cívico. Estamos talvez muito apartados dessa ideia no seu plano realmente arquetípico. Ora, o que é o sentimento cívico? De onde ele vem? O sentimento cívico vem daquilo que chamamos de vida urbana, do exercício e da realização de uma *política*, ou seja, de uma organização da vida na *polis*. É um presente de Atena. Essa dádiva se constitui porque é um encaminhamento do legado do pai, do olhar do pai, Zeus. Vem por meio desse amor. O sentimento cívico nasce de como as variáveis demandas e os múltiplos impulsos numa cidade estão tecidos e tramados harmoniosamente. A *polis* é justamente essa trama. Ou seja, como os problemas coletivos de uma *polis* encon-

---

137. LÓPEZ-PEDRAZA. Op. cit., p. 24.

tram-se resolvidos e encaminhados, ou não. Essa é uma possível definição de política. Política é a maneira como as diversas demandas estão tecidas numa unidade e como os diversos problemas que se apresentam para uma junção de pessoas estão encaminhados e solucionados harmoniosamente. Isso se dá, em primeiro lugar, por meio de instituições, leis, justiça, ordem, atributos que são de Zeus. Atena leva isso adiante. Ela o realiza completamente. Esse é o axé de Atena. É o que chamamos de civismo, no sentido mais amplo, profundo, arquetípico do termo. E civismo é civilidade. Do contrário, é a barbárie, a selvageria. É significativo que, na verdade, isso venha por meio de uma deusa, feminina e virgem.

Hillman também aprofunda aquilo que vai ao encontro do que estou tentando compreender em Atena: "corpo político é igualmente uma imagem, uma maneira de falar sobre a constituição da alma"[138]. E também: "a arte específica à qual se compara a prática da política é a arte de combinar, e as imagens dessa arte são as de Atena: medir e tecer"[139]. Essas afirmações me levam a pensar a maneira como tecemos as diversas demandas públicas. Isso é uma

---

138. HILLMAN. "Athene, Ananke, and the Necessity of Abnormal Psychology". *UE*, 6, p. 69.

139. Ibid., p. 67.

arte, e está sob a égide de Atena. Ela quer defender a possibilidade de tramar, e muito da nossa economia psíquica, ou de nosso trabalho com a alma, é justamente poder enxergar essa trama, ou seja, a maneira como as coisas estão arranjadas, essa "política interior", os diversos buracos, nós e fios soltos que possam existir no tecido: "a arte de Atena é o ato sistemático de entrelaçar os elementos"[140]. Isso tudo, misteriosamente, é também um aspecto da necessidade, do destino: as realidades estão tramadas para o sujeito daquela forma porque é necessário que seja assim, pois há uma força anterior àquela trama, a que os gregos chamaram de *ananké* (*Ανάγκη*), "força," "restrição," "coação," "necessidade".

Esses aspectos de que estamos falando, realidades como civismo, ordem, estratégia, encaminhamento dos problemas, são de tal forma um pedaço arquetípico importante e fundamental da realidade, que os gregos antigos, na sua inspiração extraordinária, entenderam como uma deusa. Atena é chamada de a "protetora da ordem cívica"[141]. É novamente aquela pergunta de Kerényi que sempre repetimos, "o que apareceu aos gregos como Atena?" No prefácio que escreveu à sua monografia sobre a deusa, de

---

140. Ibid., p. 68.

141. HILLMAN. "The Inside of Strategies: Athene". *UE*, 6, p. 76.

1952, ele coloca: "Estou apresentando aqui um estudo na história das religiões com enorme reconhecimento a tudo o que eu aprendi da psicologia"[142]. Kerényi reconhece publicamente que seus estudos têm uma grande dívida com tudo o que aprendeu com a psicologia profunda. Então, ele não está perguntando o que é Atena, o que é uma deusa? Ele está perguntando o que é essa realidade arquetípica; ele usa este termo, arquetípico, inclusive em títulos de vários de seus livros. Então ele está perguntando o que é essa realidade que se apresentou aos gregos como Atena. Kerényi já nos coloca, a meu ver, na trilha certa, que é investigar o que há de psicológico nessa realidade. Ele não é um teólogo, não está preocupado com a natureza da divindade. Está preocupado e interessado em entender os aspectos psicológicos da realidade que se apresentaram à imaginação grega, configurados personificadamente como um deus. Parece-me que este é o encaminhamento mais psicológico da investigação mitológica.

7 Os mitologemas das relações de ipseidade e alteridade

Agora vejamos mais de perto a psicologia dessas relações de pais com filhos que o mito nos apresenta. Kerényi e Otto nos ajudam a sintetizar as observações.

---

142. Ibid., p. 8.

Há vários mitologemas que apresentam, por um lado, as relações de mãe com filha e de pai com filho e, de outro, irmão com irmão, e irmã com irmã. Esses são os mitologemas que nos ensinam que é nessas relações que se apresenta a psicologia da construção da identidade, de quem somos. Ou seja, a construção de uma identidade dá-se a partir dessas relações com figuras de mesmo sexo. São os mitologemas que podem nos ensinar sobre as construções das relações consigo mesmo, ou seja, ipseidade.

Por outro lado, temos as relações de mãe e filho, pai e filha, e finalmente irmão e irmã. O mistério dessas relações é nos apresentar padrões de conjunção, de união. São os mitologemas que podem nos ensinar as construções das relações com o outro: as parcerias, as associações, os relacionamentos; alteridade, ou seja, o outro ao invés de só o si mesmo.

A relação de mãe e filho fertilizará a *anima* do filho, e as relações de pai e filha, a *anima* da filha – exatamente o que estamos vendo na relação de Zeus com Atena: são relações que engendram alma.

Estou colocando a questão num plano arquetípico. Assim, a construção da identidade está mais presente, segundo o que se apreende dos mitos, nessas relações: mãe/filha, pai/filho, e de irmãos de mesmo sexo. Mas onde está a mãe para uma filha, ou o pai para um filho, é ainda uma outra questão. Pode estar numa mulher ou num homem. E, evidentemente, o pai ou a mãe não precisam ser biológicos. O pai pode ser exercido pelos tios, por exemplo, e então não necessariamente falta o pai. Especialmente nas sociedades matriarcais de que temos notícia, esse papel é muitas vezes exercido pelo tio, irmão da mãe, por exemplo. Há muitas variações, obviamente, e elas são riquíssimas, precisam inegavelmente ser exploradas. Em casais homoafetivos, por exemplo, como ficam esses papéis? Há inúmeras possibilidades. O importante aqui, do meu ponto de vista, é não cair na psicologia de gêneros, do contrário perde-se o caráter arquetípico que estamos tentando acessar. Acho mais importante falarmos em função e não propriamente em gênero daquele que vai exercê-la.

As relações que nos apresentam os padrões das conjunções trazem claramente a ampla questão da alteridade, do Outro. E as relações da construção da identidade, apresenta-nos a ampla questão da ipseidade, que é a possibilidade de continuar a ser o Mesmo. Tanto a alteridade quanto a ipseidade são mistérios. Abrir-se para o outro, relacionar-se com o outro, é tão misterioso, trabalhoso ou complexo quanto permanecer o mesmo. Permanecer o mesmo também é uma arte, tanto quanto a alteridade, e uma tarefa psicológica bastante importante. Fala-se muito de alteridade, mas é preciso também entender a ipseidade, a possibilidade de se construir uma identidade, permanecendo o mesmo, ainda que o mesmo possa se alterar, sofrer fluxos, influxos, evoluções, instabilidades. A possibilidade de permanecermos o mesmo é um mistério profundo. A mítica grega nos mostra isso muito bem; por exemplo, na figura de Ártemis, na figura Héstia. É uma intuição extraordinária dos gregos antigos: a ipseidade depende da alteridade, só permaneço o mesmo na medida em que estiver aberto ou em plena relação com o outro. Essas são instâncias absolutamente interdependentes. Em outros termos, a xenofobia é a doença de Héstia. Héstia doente tem uma ideia de lar, ou da independência do lar, que se coloca a partir do rechaço do outro. Então a xenofobia compromete a ipseidade. Essa é a fantasia xenofóbica: instituir-se a partir do banimento do outro. Não é uma realidade psicológica, de acordo com o que o mito nos ensina. Portanto, um dos grandes desastres da xenofobia é a destruição do eu. Já estamos falando de defesas.

8 A psicologia das defesas

Em Atena, o que tentamos observar é também a questão da defesa. Ela é a defensora das cidades, dos portos:

"Ela protege as cidades e as fortalezas das invasões hostis e os portos dos atracamentos hostis"[143] – *Atena Polias*. A principal cidade grega – onde surgiram as grandes ideias, o pensamento grego, a democracia, a noção de *polis*, a filosofia, a jurisdição, a arte, a tragédia, o teatro – é justamente uma cidade dela, que leva seu nome, Atenas. Ela é realmente uma imagem da protetora e da defensora cívica. Do ponto de vista psicológico, temos nessa figura a possibilidade de compreendermos melhor a psicologia das defesas.

Ela está defendendo a cidade; então está defendendo a ordem civilizada. Portanto, muitas das nossas defesas podem estar procurando proteger "ordens civilizadas". O exame de Atena, assim entendo, pode nos entregar uma maior compreensão dos mecanismos de defesa do ego, a cidade civilizada. Do ponto de vista mitológico, o que Atena está defendendo, em última análise, é a cidade, ou seja, o civismo. Quando falamos de cidade, estamos falando de trama, de tecido, de política. Pensem nisso como uma metáfora psicológica, pois há cidades dentro de nós. Da política vem o sentimento cívico, a percepção de que as coisas estão tramadas de uma determinada maneira. Pois bem, é isso que Atena defende quando está defendendo a cidade. Ela quer levar adiante esse serviço cosmológico. São estas

---

143. Ibid., p. 14.

energias em nós que preparam o mundo, que defendem o mundo como a possibilidade de respondermos às diversas demandas e solicitações psicológicas de uma maneira na qual poderão estar trançadas harmoniosamente. Quanto mais nos tornamos uma cidade, percebendo e instituindo seus trançados num tecido bem urdido, tanto mais precisaremos ter a nossa "cidade" protegida.

A armadura de Atena, sua defesa, por outro lado, também pode paralisar; isto é, ao invés de defender, poderá engessar. A defesa pode se tornar algo absolutamente fechado e rígido. Uma ideia que está na psicologia arquetípica é a de que cada figura divina é também um modo de patologizar, de adoecer, de não funcionar. E de morrer. A doença de Atena é o enrijecimento da defesa. E ela opera esse enrijecimento, segundo a extraordinária intuição de Hillman, por meio de um exagero da ideia de normal: "a normalização pertence à consciência de Atena"[144], mas é também o patologizar de Atena. Hillman está sugerindo que a normalização é um tipo de patologizar próprio de Atena. A defesa pode se tornar algo absolutamente fechado em si mesmo, fechamento que se dá por meio das ideias do que é o normal. Essa é uma importante percepção que problematiza o normal.

---

144. Ibid., p. 69.

O exame de Atena é muito importante, pois nos dá a possibilidade de entendermos de uma forma mais ampla o que são defesas em psicologia, não do ponto de vista da neurose, mas de sua importância. A psicologia, desde sempre, reconheceu as defesas como mecanismos neuróticos. Examinando o mito, vamos às raízes arquetípicas. Um dos epítetos dessa deusa é *fortaleza, Atena Alea*. Muitas de suas imagens são de defesa.

Seu escudo é muito importante, pois nos proporciona o caminho para chegarmos à psicologia das defesas. Este escudo é chamado égide, *aegis* (Αιγίς), que é uma capa de pele de cabra, *goatskin*, que, veja-se, pertencia originalmente ao pai, *Zeus Aigiokhos*, com a qual ele mesmo infundia terror em seus inimigos. É Zeus que tem a égide e que a passa à filha, para rechaçar o hostil, o inimigo. Todos sabemos que nessa égide há a figura da Górgona, que é um monstro, a própria face do terror. Ela é a face do medo que, evidentemente, petrifica o outro com o olhar. Veja-se novamente como a questão do olhar pertence a esse campo de Zeus e Atena, pois ela, que leva esse olhar do pai, e ainda seu olhar maternal cuidadoso, também leva um olho no escudo que pode ser terrível, mortal. Na sua modalidade de defesa, é o olhar da górgona que mata. Dessa forma, é uma extraordinária imagem de defesa, e não é à toa que essa imagem está no escudo de Atena. São três as Górgonas, duas imortais e uma mortal. A mortal é Medusa, que Perseu mata usando este escudo dado a ele por Atena. Mas Atena possui esse escudo, e quero entrar nesta imagem. Possuir esse escudo faz dela uma defensora. Atena é a imagem da energia da defesa.

A Górgona é a figura na égide de Atena, um rosto de olhar mortífero ou, na expressão de Jean-Pierre Vernant, a "morte nos olhos". Ela é principalmente um olhar, petrifica pelo olhar. Zeus, como já mencionamos, é também um olhar, um olho que nunca dorme, sempre olhando e cuidando do seu mundo. Zeus nunca fecha os olhos, portanto conhece tudo. Conhecer tudo, na imaginação grega, é ter sabedoria: conhecer presente, passado e futuro. Conhecer tudo é conhecer o tempo, mais do que o espaço. Só é sábio aquele que conhece o passado, conhece o presente e conhece o futuro. Por isso a questão dos oráculos é tão importante na Grécia, pois eles estão sempre perguntando sobre o futuro, o que se refere a todas as práticas de divinação. Essas práticas são importantes na Grécia diferentemente de como são importantes para nós, onde têm, digamos, um sentido mais "funcional". A arte divinatória na Grécia é importante porque os gregos não concebem a sabedoria sem que seja um conhecimento também do futuro.

A questão do olho é tão significativa para essa linhagem de figuras míticas, que na égide de Atena está, portanto, a Górgona, também um olhar. O olhar de Zeus é o olhar que dá vida, o olhar de Atena é o olhar que propicia a vida porque instaura a *polis*; mas, com relação à Górgona, é o outro lado do olho que importa, aquele que mata, o olho do terror. Jean-Pierre Vernant descreve o que é essa face e esse olhar em seu livro *A morte nos olhos*:

> É o medo em estado puro, o terror como dimensão do sobrenatural. [...] Gorgó suscita o pavor porque se apresenta, no campo de batalha, como um prodígio (*téras*), um monstro (*pélor*), em forma de cabeça (*kephalé*), terrível e assustadora (de ver e de ouvir) (*deiné te smerdné te*), com um rosto de olho terrível (*blousurôpis*), lançando um olhar de pavor (*deinón derkoméne*).
> O fulgor do olhar de Gorgó age em conjunção com o brilho do bronze resplandecente cujo clarão sobe da armadura e do capacete até o céu, disseminando o pânico. O rosto da Górgona invariavelmente encara de frente o espectador que a observa[145].

Pois é justamente isso tudo que a deusa leva em seu escudo, para fazer a defesa da cidade e dos portos. Dessa forma, o pior medo é aquele que nos encara de frente, o

---

145. VERNANT, J.P. *A morte nos olhos – Figurações do Outro na Grécia antiga: Ártemis, Gorgó*. Trad. de Clóvis Marques. Rio de Janeiro: Zahar, 1988, p. 50, 51, 39.

terror que está nos olhando diretamente; é esse o que paralisa, que petrifica. É uma monstruosidade: o olhar frontal de Gorgó.

Ainda sobre a égide:

> Couraça de pele de cabra com franjas de serpente e a cabeça de Medusa no centro. Usada inicialmente por Zeus (daí o epíteto "porta-égide"), que a deu à filha Atena. Quando agitada pela deusa, incutia terror no inimigo e se tornou, posteriormente, sinônimo de proteção[146].

Aqui já há uma indicação para falarmos de defesa naquilo que sugere proteção. Então podemos (re)examinar as defesas – pois o que, inicial ou principalmente, Atena está defendendo? Ela é a deusa que transforma a *polis* numa cidade, a cidade civilizada. Há uma descrição de *polis* que Hillman nos dá:

> A cidade civilizada, ou seja, a *polis*, com os seus cognatos *poly*, *plus*, *pleroma*, significa um fluxo, um bando de *hoi polloi*, uma multidão polimorfa movendo-se através das praças, das ruas e das alamedas[147].

---

146. RIBEIRO JR., W.; MARQUETTI, F.R. Glossário. *Hinos homéricos*. Trad., notas e estudo de Edvanda Bonavina da Rosa et al. Ed. e org. de Wilson Alves Ribeiro Jr. São Paulo: Unesp, 2010, p. 544.

147. HILLMAN. "The Inside of Strategies: Athene". *UE*, 6, p. 75.

Uma multidão de impulsos, de desejos, de projetos, de demandas, movendo-se conjuntamente ao mesmo tempo. Ora, isso precisa ser organizado, do contrário é um caos, do contrário é o id; só se torna uma *polis* se houver governança, organização, se puder ser um *kosmos*, um arranjo organizado. Aí entra uma arte, a arte da política: o entrelaçamento das diversas demandas de uma *polis*. Pois essa é uma arte de Atena, que também é a inventora ou a patrona da tecelagem, da fiação, do bordado. Hillman refere-se a costura, tecedura, trama, enlace: "A arte de Atena é o ato sistemático de entrelaçar os elementos"[148].

Ou seja, trata-se aqui das habilidades para resolver problemas enoveladas, liames. Os nós. Evidentemente, numa *polis*, com esse fluxo múltiplo, nessa multidão de demandas, aparecem os nós na trama, no tecido das histórias múltiplas, e ela tanto ata quanto desata os nós. Atena, uma (des)atadora dos nós. São metáforas arquetípicas para nossos arranjos interiores. Quando se fala que ela é uma fortaleza e que tem essa força enorme para afastar o inimigo, ela está protegendo a cidade, diz o mito, e a cidade é essa possibilidade de um arranjo ordenado de diversas solicitações dentro de nós.

---

148. HILLMAN. "Athene, Ananke, and the Necessity of Abnormal Psychology". *UE*, 6, p. 68.

De um modo geral, entende-se a metáfora da cidade como uma imagem do *Self*. No campo junguiano, alguns entendem a cidade também como uma imagem interiorizada da alma[149]. Penso, por outro lado, e particularmente da perspectiva de Atena que estamos examinando, que a cidade é, talvez mais fortemente, uma imagem do ego, não da alma. O ego precisa se organizar politicamente. É nele que se dá esse desafio e essa problemática de harmonizarmos exigências múltiplas e contraditórias. Não há exatamente essa demanda no plano da alma. Trata-se da possibilidade de pensarmos a *polis* como uma imagem arquetípica do ego, ou seja, daquilo que é civilizado em nós, ou que aspira civilizar-se. Prefiro ver a cidade como uma imagem para entendermos aquilo que em nós é foco consciente. É, pois, neste ponto tão impermanente que temos que dar conta das demandas permanentes, já que a alma não sofre, a meu ver, a necessidade de organizar-se da maneira como o ego é convocado a fazê-lo. Na alma, contradições coexistem perfeitamente. Examinamos um sonho e imediatamente temos condições de ver oposições convivendo sem conflito.

Desse modo, as defesas, vistas sob o ponto de vista da psicologia de Atena, estão presentes para proteger essa or-

---

149. Cf. HILLMAN, J. *Cidade & alma*. Trad. de Lucia Rosenberg e Gustavo Barcellos. São Paulo: Studio Nobel, 1993.

ganização política de invasores inimigos. Defesas passam a ser vistas não apenas como mecanismos neuróticos que nos apartam da vida. Estou interessado em perceber agora sua realidade arquetípica, entender a que servem. Na psicanálise, os mecanismos de defesa servem para defender o ego, não a psique ou o id, ou a alma mais profunda. O que precisa ser defendido é o ego. Atena, filha de Zeus, defensora da cidade – que cidade é essa? Que metáforas estão envolvidas? A cidade é o ego. Temos que defender o que é a ordem civilizada em nós. As estruturas defensivas podem ser neuróticas, como também extremamente criativas, estrategistas. O ego é o político em nós, precisa ser defendido, não pode estar constantemente ameaçado, seja de fora ou de dentro. Quero ver na defesa uma realidade arquetípica, necessária.

O mito nos apresenta a imagem de uma deusa que está ali apresentando todo o imaginário da defesa. Aí há um "aspecto fundamental do mundo", naquela definição de Jaa Torrano sobre o que são os deuses[150]. Mas temos que metaforizar e psicologizar essa imagem: que cidade é essa? O que é a cidade em nós? O que é a cidade da alma? A

---

150. "A meu ver, os 'deus(es)' são os aspectos fundamentais do mundo, ou, melhor, são as imagens com que se pensa o mundo, as imagens que nos remetem aos aspectos permanentes, fundamentais do mundo" (TORRANO, J. *Mito e imagens míticas*. São Paulo: Córrego, 2019, p. 98).

cidade da alma é o ego. O ego funciona para alma como uma cidade. Os inimigos hostis estão sempre prontos a atacar, no sentido de desarrumar a nossa ordem política, construída a duras penas. Penso que Atena nos apresenta a raiz arquetípica dos mecanismos de defesa.

Atena é dita a deusa do civismo. Sabemos o que é civismo no campo histórico, no campo sociológico, no campo literal; mas o que é civismo como campo psicológico? O que é o civismo dentro de nós? Estamos no cosmo de Atena, então nossas preocupações são essas – mas ela não é a única deusa, nem civismo é toda a realidade da alma. A preocupação cívica é uma instância da alma quando experimentada sob a perspectiva de Atena.

Finalmente, o ego é uma criação da alma. Hillman, por caminhos diferentes, defende a ideia de que o ego pode ser entendido como uma criação da *anima*[151]. A cidade, a *polis*, a ordem civilizada, tudo isso é uma imensa fantasia da alma. O ego como uma das grandes criações da alma e, dessa forma, muito precioso, precisa ser defendido. Não por ele, pela alma. Temos que cuidar do ego porque ele é uma obra da alma.

---

151. Cf. HILLMAN, J. *Anima: anatomia de uma noção personificada*. Trad. de Lucia Rosenberg e Gustavo Barcellos. São Paulo: Cultrix, 1990, p. 105-111.

Isso nos dá uma outra maneira de pensar sobre o ego, se olharmos para ele como uma cidade, com todos os desafios que uma cidade enfrenta. Muitas vezes o ego é bárbaro, barbariza em relação a demandas contraditórias, quando então não tem racionalidade, falta civilidade. Então temos uma cidade que funciona mal. A cidade precisa da espontaneidade tanto quanto da racionalidade.

Essas são ideias proporcionadas por Atena. Estar em seu cosmo é estar nesse terreno de investigação que é a *polis*, a política, o civismo. E isso se aprofunda ainda mais pois é a maneira que ela tem de levar adiante o espírito do pai, o sentido de Zeus. Cidade, racionalidade, civilidade, organização, ordem – essas são questões que a alma joga para o ego. A alma não precisa delas. Nesse sentido, a alma precisa do ego, não só o ego precisa da alma. Assim como os deuses precisam dos humanos, e os mortais precisam dos imortais.

A defesa de Atena é contra a hostilidade e não contra qualquer coisa aleatória; contra aquilo que quer destruir a integridade ou a liberdade. Contudo, se nos defendemos demais, a "cidade" fica enrijecida. Defesa contra tudo, contra todos, é xenofobia, não é a cidade democrática, mas a cidade murada, que frequentemente está sob regimes autoritários. Na hiperdefesa, o estrangeiro não chega, o diferente não entra. Então, da perspectiva de Atena, trata-se de defesas que, de algum modo, permitem que o estrangeiro chegue, entre, seja bem acolhido. Ela é filha de *Zeus Xenios*, protetor dos estrangeiros. A hospitalidade é uma instituição da *polis* democrática, e Zeus a representa também, pois sabemos que ele incorporou a obrigação moral de ser hospitaleiro com hóspedes, estrangeiros e convidados.

9 Ananke de horrendo semblante

Ananke é, por assim dizer, um aspecto de Atena. É outro desses princípios ou ideias pertencentes ao pensamento grego que foram eventualmente personificados por uma divindade. Tem a ver com a ideia de destino, com as Moiras (Partes). Esse é o campo da imaginação mitológica grega que tem a ver com liames, ou seja, cordas, atamentos, amarras, tramas, e a forma como as coisas estão trançadas. Uma das definições de destino – que é outra palavra, além de necessidade, para traduzir Ananke – é trama, como as coisas estão tramadas. Uma trama é o jeito como as coisas estão entrelaçadas umas às outras, o que pode significar tanto uma composição, um arranjo quanto um aprisionamento, uma limitação.

A mentalidade grega nos dá essa importante ideia de destino, que não é predestinação, mas uma ideia mais poética, mais complexa, e mais trágica. Aí incide a ligação de Atena e Ananke, como já sugeri, pois Atena é a deusa que preside as atividades da tecelagem, da cestaria, das cordas, dos nós. Ora, essas são as atividades que dão conta de refletir, num plano humano, ideia dos liames cósmicos, das ligações que, num plano divino, são chamadas de destino, ou *moira*. Funciona aí dentro uma força que é entendida pelos gregos pela palavra *ananké* (Ανάγκη), traduzida por *necessidade*. Ou seja, há uma necessidade por trás, ou por dentro, da maneira como as coisas estão enredadas, tecidas. A ideia de destino na mitologia grega é muito complexa, e inicia-se *ananké*; mas ela se desenvolve na presença das três Moiras – que são a corda (o fio), a maneira como a corda se trama (o trançado) e, depois, o corte da corda (a morte): Cloto, Láquesis, Átropos. A ideia da *moira* no pensamento grego é uma decorrência da ideia de *ananké*. Walter Otto fala-nos sobre essa ideia do destino: "[...] o fado trava, é restritivo – este é o autêntico tom da Moira"[152]. A maneira como as coisas estão tramadas é também um fato restritivo: ao mesmo tempo em que desenha uma trama, também aprisiona.

* * *

---

152. OTTO, W. *Os deuses da Grécia*. São Paulo: Odysseus, 2005, p. 245.

Então vamos tentar arrematar o lote de Zeus, Ananke e Atena com algumas considerações finais ainda por fazer. Com essa metáfora podemos talvez arriscar algum aprofundamento na ideia de Ananke, deusa que tem muito a ver com o lote, o pedaço, o quinhão. "Arrematar o lote" é uma expressão dentro do universo psicológico da ideia de *moira*. E, para a mentalidade mítica grega, as ideias de destino, destinação, fado, sorte, necessidade, constrangimento e patologização estão misteriosamente entrelaçadas. É algo que nos escapa. A ideia de necessidade é bastante sofisticada, multifacetada, não tem imagem, e está completamente imbricada com a ideia de algo que acontece porque deve acontecer, a inexorabilidade na vida – o inevitável tanto na vida dos humanos – ou seja, dos mortais – quanto dos imortais. Aquilo que é inexorável, inflexível, o é tanto num plano divino quanto num plano humano, o que é uma curiosidade da religião grega: para essa mentalidade, que apreende as realidades últimas dessa forma, a inexorabilidade tem a ver com uma *necessidade inalterável*. Necessidade inalterável é algo que se coloca nas existências – tanto nas existências temporais e sujeitas ao espaço e ao fim, como é a dos humanos, como na existência atemporal dos deuses perenes sujeitos à eternidade e ao ilimitado. Pois bem, essa ideia da necessidade, que faz com que as coisas aconteçam, e que é inalterável para nós, à qual os próprios divinos estão sujeitos, e que os gregos antigos chamavam de *ananké*, é, ninguém mais ninguém menos, a morte. A morte é o destino de todas as coisas, a morte é a necessidade de todas as coisas. A morte é o destino. E só sentimos o destino na morte.

É preciso perceber algo que é também misterioso: essa ligação intrínseca, digamos, entre Ananke e Atena, que a princípio não sentiríamos tão diretamente. Ela se dá por meio dos sentidos de Atena. Vejamos. Um dos aspectos que mais caracterizam Atena é aquilo que Marcel Detienne, um dos classicistas franceses que trabalhou muito próximo de Jean-Pierre Vernant, refere-se ao falar de Atena: o domínio inteligente do animal. A energia de Atena, de uma certa forma, é esse domínio, ou seja, um tipo de razão que domina a emoção, como já referimos. Seus conselhos da inteligência astuta, que é a *métis* dentro de Atena, geralmente fazem o caminho do não. É uma *via negativa*, como se diz em psicologia. Então ela é uma deusa que se aproxima para dar o conselho determinante, que arranja a ação. Essas são metáforas interessantíssimas para determinadas configurações psíquicas: aquele arrazoar que modifica definitivamente o curso das ações, quando paramos por um segundo para pensar melhor antes de fazer. Pensar melhor, que é genuinamente uma reflexão, uma ação que se volta para si mesma. Uma observação sobre como Atena se apresenta, de Walter Otto: "Atena não é apenas a conselheira, ela é a própria decisão que opta pelo razoável em lugar do puramente emocional"[153]. E, lembre-se, a inteligência de Atena é uma inteligência prática, ela é filha de Métis, dessa astúcia muito voltada para como tomar as decisões corretas para encaminhar bem as coisas. É uma energia que altera o curso dos eventos, geralmente para o bem, rumo à vitória. Atena aparece muitas vezes com Nique (Vitória), irmã de Bia (Força), com esse tipo de configuração. Atena está muito voltada para a vitória, mas não vitória como numa corrida de carros, ou um jogo do futebol, não nesse plano competitivo ou secular do termo. Vitória no sentido de realizar alguma coisa beneficamente, garantir que algo se realize completamente tanto para o sujeito da ação quanto para o mundo. Vitória no sentido muito amplo. A ideia de vitória é tão importante na mentalidade politeísta grega que é, também ela mesma, personificada, a deusa Vitória, Nique (*Νίκη*), uma mulher veloz e alada.

É claro que ela é o conselho, filha que é de Zeus, este também um bom conselheiro, *Zeus Boulaios*; mas Otto argumenta que ela é ainda mais, pois isso seria de alguma forma limitado para uma deusa. Estamos falando de uma potência divina; ela é a própria decisão que opta pelo ra-

---

153. Ibid., p. 41.

zoável. Essa decisão é difícil, esse conselho é interno, é o que podemos dizer a nós mesmos no momento decisivo. Então ela é essa decisão, tomada pelo caminho da razão e que, portanto, está no lugar do puramente emocional. Evidentemente que para acontecer essa decisão é preciso que haja freios sobre o corpo emocional. Sem que haja um determinado tipo de razão operando no direcionamento do corpo emocional, não haverá, segundo o mito grego e segundo essa configuração de Atena, um desenrolar benéfico, vitorioso das coisas.

Qual o sentido arquetípico de vitória? Há um sentido secular literal de vitória – ganhar o jogo, a corrida, um emprego, ganhar a concorrência. É um plano da experiência da vitória mais imediato. Mas esse plano está baseado numa outra instância que é entendida como divina entre os gregos e que, portanto, está personificada pela deusa Nique. Premiava aqueles que souberam usar da melhor estratégia, com foco e disciplina, coroando-os com o triunfo. Vitória é muito importante na vida grega. Eles são um povo vitorioso.

Pois bem, tudo se complica quando vamos nos aproximando da ideia de *ananké* nesse nível do constrangimento e do freio que é a morte. Não há vitória. A morte é invencível. Ela é o destino inalterável e invencível de todas as coisas. A vitória cessa na porta da morte. Nada vence a morte, nem os deuses.

Então, há duas imagens míticas para nos entregar esse aspecto da realidade psicológica. A primeira é essa voz, essa proximidade, Atena é dita a deusa da proximidade, como já mencionei, fala ao pé do ouvido, esse conselho que só pode ser dado de forma próxima, bem junto. A outra imagem é toda a ligação que o mito apresenta de Atena com os cavalos. O que principalmente liga Atena a este animal, claro que como uma imagem metafórica, não é a questão da força nos cavalos; aqui teríamos Poseidon; mas a questão dos freios, pois ela é a inventora das rédeas, da brida. É justamente a metáfora do freio que Marcel Detienne está nos apresentando:

> Posídon se encarregava da violência, do ímpeto, da potência inquietante e incontrolável do animal, enquanto Atena se manifestava agindo pelo freio, pelo instrumento técnico de metal que permite o domínio inteligente do animal e de sua força natural[154].

154. DETIENNE, M. *Comparar o incomparável*. Trad. de Ivo Storniolo. São Paulo: Ideias e Letras, 2004, p. 104. Detienne evoca o *politheos* grego: "o politeísmo se lê na Grécia sobre o chão, sobre os altares, nos templos, nos regulamentos sacrificiais, nas representações figuradas" (p. 107). Marcel Detienne tem um livro, escrito em parceria com Giulia Sissa, sobre a vida cotidiana dos deuses (SISSA, G.; DETIENNE, M. *Os deuses gregos*. São Paulo: Companhia das Letras, 1990), sobre como os deuses dormem, andam, onde moram, o que comem, o dia

Tudo se entrelaça, pois esta questão do constrangimento, do freio, do controle que determina a ação das coisas, que vemos em Atena, tem muito a ver com Ananke. A ideia de Ananke passa pela ideia de destino no sentido daquilo que freia, daquilo que molda, que determina freando, constrangendo, limitando. Constrangimento no sentido de uma limitação – que justamente vai também nos entregar essa ideia de lote, parte, quinhão.

Os objetos que são de Ananke são os de Atena também e, portanto, são os objetos que nos entregam metaforicamente a ideia de destino: o freio, o cavalo, o navio, a lança, o leme. O leme também é sua invenção. É análogo ao arreio. É o arreio do mar, que age constrangendo o mar. Domina. Diferente de controle é o manejo, o manejo

---

a dia dos eternos – o que já é uma contradição em termos. Como podemos falar de cotidiano com relação a seres eternos? A princípio, os seres que gozam desse tempo da eternidade não teriam acesso a essa dimensão de cotidianidade. A provocação é interessante e também é uma metáfora para a psique: a alma, do nosso ponto de vista, é eterna. Não precisamos pensar nisso literalmente se a alma existe após a morte, numa discussão teológica ou tampouco religiosa; mas a alma em nós goza a eternidade ou, dito de outra forma, é o nosso quinhão de eternidade. Octavio Paz já o disse com relação ao amor: "é nossa ração de paraíso" (PAZ, O. *A dupla chama*. Trad. de Wladir Dupont. São Paulo: Siciliano, 1994, p. 28). A alma é nossa ração de eternidade. A psique em nós – portanto, os sonhos, os sintomas, as fantasias, níveis a que chamamos psíquicos – é nossa brecha para experimentarmos a eternidade. Nesse plano não há cotidiano. O cotidiano é uma categoria do ego. O ego está instalado no cotidiano, a alma não.

da força bruta, seja ela apresentada pelo cavalo, ou pelo mar. A força bruta continua, o mar não deixa de existir. Os gregos antigos foram um povo marítimo, navio e mar são assuntos sérios para essa gente. O navio era um elemento importantíssimo na cultura grega. E aqui a *métis* aparece novamente, os construtores de navios têm que ter *métis*. Sem esse tipo de inteligência astuciosa, arguta, prática não se constrói um navio. Construir um navio é, metaforicamente, algo impressionante nessa cultura: dominar o mar, ter domínio sobre aquela força. Isso tudo são também metáforas para a ideia de destino, de *moira*, de *ananké*. Ordep Serra nos diz, comentando o *Hino órfico* para as Moiras: "[...] para os mortais as Moiras exprimem, significam, realizam Ananke, a Necessidade"[155]. Em várias cosmogonias, as Moiras são entendidas como filhas de Ananke. As Moiras, que são três, nem sempre são referidas no plural. Essas duas ideias estão entrelaçadas, a coação e a necessidade, que desembocam na ideia de fatalidade. Isso tudo é muito misterioso. Serra: "A partir dessas ideias de 'sorte' e 'distribuição' projetadas em um plano que transcende qualquer escolha, veio a formar-se uma associação decisiva que resultou por fim na equivalência de *moîra* e *aîsa* (destino)"[156]. Ele fala sobre "o imperativo dessa ordem su-

---

155. SERRA. Op. cit., p. 602.

156. Ibid., p. 596.

prema". O epíteto mais comum para ela é "Ananke de horrendo semblante". Trata-se dessa misteriosa intuição da mentalidade mítica grega que une uma ideia de destino a uma ideia de constrangimento, e não de libertação, como poderíamos compreender numa concepção mais moderna ou secular das coisas. Mas na percepção da imaginação grega, todo o destino tem a ver com constrangimento. Walter Otto confirma:

> As determinações da Moira são todas *negativas*: ela determina a queda, o perecimento. [...] O discurso dela é: Não! Este negar estabelece a morte – o "dia fatal".
> O conteúdo da determinação do destino é sempre um não.
> A Moira era um demônio da fatalidade e da morte[157].

O nome Moira significa partilha, parcela, mas é também a ingente, a necessidade.

> Próprio dos deuses é conceder, ajudar, iluminar. Às vezes pode parecer que a determinação do destino participa ao homem um bem positivo; mas o conjunto de seus efeitos torna indiscutível de que seu ser não é positivo, e sim negativo. Estabelece o termo da duração, a reviravolta da fortuna, a morte da vida. Reviravolta, término, limitação, tudo isso vem a ser modalidades do "daqui não se passa", são formas da morte. E a pró-

---

157. OTTO. Op. cit., p. 244, 245, 240.

pria morte é o sentido supremo do fado. Quando se pronuncia o nome da Moira, pensa-se, antes de mais nada, na necessidade da morte; e nessa necessidade se enraíza também, sem dúvida, a ideia de uma Moira[158].

A inexorabilidade é uma realidade dificílima, ainda que imediata, parece ser cosmogônica. A questão passa a ser: como nos aproximarmos de uma percepção da necessidade? Como se dá a percepção da inevitabilidade? Do destino? Buscando os sinais. Jaa Torrano afirma:

> Nas aparências do mundo mostram-se os sinais com que os deuses comunicam seus desígnios aos homens. Os sinais requerem do homem uma atitude receptiva e inteligência interpretativa. Os sinais devem ser interpretados segundo o modo de manifestarem-se, o âmbito em que se manifestam e o destinatário a quem se dirigem. Consoante à afinidade do mortal com o Deus e a proximidade do Deus ao mortal, consoante a atitude do mortal ante o Deus, os sinais se fazem mais claros ou mais obscuros, mais nítidos em suas indicações salvíficas, ou mais ambíguos na perversa sedução da ruína[159].

Hillman também sempre insistiu nisso: qual o deus na doença? Isso tem a ver com a necessidade. Qual o deus

---

158. Ibid., p. 239.

159. TORRANO. Op. cit., p. 45.

que, pela minha atitude, pelos meus gestos, não ficou atendido? Isso traz naturalmente a importância tão necessária da localização, localizar o que está acontecendo no âmbito divino. Para isso precisamos de sinais. E os sinais estão "nas aparências do mundo" ao nosso redor. Provavelmente poderíamos dizer que o patologizar acontece quando há um desvio daquilo que é necessário na nossa vida. Ou seja, há um desígnio no sentido de que há um desenho a ser realizado; se nos afastamos desse desenho, rasgamos o tecido tramado, e aí se convoca a tragédia. A tragédia, secularmente falando, é chamada de psicopatologia. Nosso trabalho na psicologia tem muito a ver com tornar os sinais mais explícitos, o que requer "uma atitude receptiva e inteligência interpretativa" (Torrano). Reconhecer e interpretar os sinais. Ou, colocado na linguagem da nossa psicologia arquetípica, buscar a resposta para a pergunta, o que quer a alma? Os gregos talvez se perguntassem: O que o deus quer? É a mesma pergunta, está direcionada para o mesmo nível de realidades.

Mas Ananke é antes de tudo uma ideia, a percepção de um princípio cósmico. Como não tem, via de regra, representação, ela é a invisibilidade que está por trás da trama de todas as coisas como aquilo que determina a trama de todas as coisas.

Onde estivermos com Atena, aparece esta figura pouco nítida e de difícil apreensão, Ananke, que tem a ver com nosso patologizar. "Atena partilha atributos limitadores e restritivos com Ananke"[160]. E o patologizar coloca toda a percepção e a compreensão do que é ou está doente em nós, do que não funciona, que está quebrado, na condição de um verbo. Portanto, na condição de uma ação. Isso não é apenas uma questão de linguagem, mas é também a questão do que a linguagem pode nos entregar. Ou seja, uma concepção de que aquilo que adoece em nós e no mundo deve ser percebido como uma ação, como um verbo. Portanto, como um movimento. E, como todo o movimento, uma realidade que está direcionada. Não é que tenha um sentido, a alma não está procurando um sentido, mas movimento – algo está acontecendo e, ao acontecer, desloca-nos para algum lugar. Então, o patologizar – o adoecimento em nós, a falha, o erro, a dor, a quebra – o que não funciona, está *funcionando* de alguma maneira. É uma função de movimento.

No mito, há a concepção de que nada modifica a necessidade. Se Atena inventou os instrumentos de limitação e de contenção, como vimos – as rédeas, a canga, o arreio, a quilha – e também as artes da tecelagem, da

---

160. HILLMAN. "Athene, Ananke, and the Necessity of Abnormal Psychology". *UE*, 6, p. 64.

cestaria, da fiação, esses são o modo como a necessidade se faz sentir. O destino se faz sentir dessa maneira. Trama e contenção. E todo o destino, afinal, é a morte. "Determinação da morte – é este o conceito próprio da partilha, ou parcela, que se acha no nome da Moira"[161]. O que o destino rege, diga-se, é, em última instância, a morte.

O destino enseja, enlaça, ensina.

---

161. OTTO. Op. cit., p. 242.

Referências

AGAMBEN, G. Nymphs. In: KHALIP, J.; Mitchell, R. (eds.). *Releasing the Image: from literature to new media.* Stanford: Stanford University Press, 2011.

AGAMBEN, G. *A aventura.* Trad. e notas de Claudio Oliveira. Belo Horizonte: Autêntica, 2018.

ALI, S. Hera, The Most Difficult Olympian. In: STROUD, J. (ed.). *Conversing With James Hillman: Mythic Figures.* Dallas: The Dallas Institute of Humanities and Culture Publications, 2018.

ARISTÓTELES. *Da alma.* Trad. textos adicionais e notas de Edson Bini. São Paulo: Edipro, 2011.

AUROBINDO, S. Heraclitus. *The Complete Works of Sri Aurobindo – Vol. 13: Essays on Philosophy and Yoga*, Pondicherry: Sri Aurobindo Ashram Publication Department, 1998.

BACHELARD, G. *A água e os sonhos*. Trad. de Antonio de Pádua Danesi. São Paulo: Martins Fontes, 1997.

BARCELLOS, G. *Voos & Raízes: ensaios sobre imaginação, arte e psicologia arquetípica*. São Paulo: Ágora, 2006.

BARCELLOS, G. *Psique e imagem: estudos de psicologia arquetípica*. Petrópolis: Vozes, 2012.

BARCELLOS, G. *O banquete de Psique*. Petrópolis: Vozes, 2016.

BARCELLOS, G. *O irmão: psicologia do arquétipo fraterno*. 3. ed. rev. e ampl. Petrópolis: Vozes, 2018.

BARCELLOS, G. *Mitologias arquetípicas: figurações divinas e configurações humanas*. Petrópolis: Vozes, 2019.

BARTHES, R. *Mitologias*. Rio de Janeiro: Difel, 2003.

BASTIDE, R. *O candomblé da Bahia*. São Paulo: Companhia das Letras, 2001.

BERRY, P. *O corpo sutil de Eco – Contribuições para uma psicologia arquetípica*. Tradução de Marla Anjos e Gustavo Barcellos. Petrópolis: Vozes, 2014.

BOER, C. *The Homeric Hymns*. Trad. de Charles Boer. Dallas: Spring, 1987.

BRANDÃO, J.S. *Mitologia grega*. Vol. I e II. Petrópolis: Vozes, 1998.

BRANDÃO, J.S. *Dicionário Mítico-etimológico da Mitologia Grega*. Petrópolis: Vozes, 2014.

CABRAL, L.A.M. *O hino homérico a Apolo*. Intr. Trad. e notas de Luiz Alberto Machado Cabral. São Paulo: Ateliê, 2004.

CABRAL, L.A.M. *Hinos homéricos: hinos I e do VI ao XXXIII*. Trad., intr. e notas de Luiz Alberto Machado Cabral. São Paulo: Odysseus, 2010.

CALASSO, R. *As núpcias de Cadmo e Harmonia*. Trad. de Nilson Moulin Louzada. São Paulo: Companhia das Letras, 1990.

CALASSO, R. *A literatura e os deuses*. Trad. de Jônatas Batista Neto. São Paulo: Companhia das Letras, 2004.

CAMPBELL, J. *Myths to Live By*. Penguin Compass, 1993.

CAMPBELL, J. *Isto és tu: redimensionando a metáfora religiosa*. Trad. de Edson Bini. São Paulo: Landy, 2003.

CAMPBELL, J. *The Hero With a Thousand Faces*. 3. ed. Novato: New World Library/Joseph Campbell Foundation, 2008 [Bollingen Series XVII].

CAMPBELL, J. *Goddesses: mysteries of the feminine divine*. Ed. de Safron Rossi e Joseph Campbell Foundation. CA: New World Library, 2013.

CAMPOS, H. *Ilíada de Homero*. Vol. I e II. São Paulo: Arx, 2002.

CHANTRAINE, P. *Dictionaire Étymologique de la Langue Grecque*. Paris: Klincksieck, 1968.

CHEVALIER, J.; GHEERBRANT, A. *Dicionário de Símbolos*. Rio de Janeiro: José Olympio, 1988.

COLLI, G. *A sabedoria grega III: Heráclito*. Trad. de Renato Ambrósio. São Paulo: Paulus, 2013.

COLLMAN, A.; COLLMAN, L. *O pai: mitologia e reinterpretação dos arquétipos*. São Paulo: Cultrix, 1990.

COMANDINI, F.L. The Octopus: Metamorphoses of an Imaginal Animal. *Spring 1988: A Journal of Archetype and Culture*. Dalas: Spring, 1988.

COWAN, D. Zeus. In: STROUD, J. (ed.). *The Olympians*. Dalas: The Dallas Institute of Humanities and Culture, 1995.

COWAN, L. Hera. In: STROUD, J. (ed.). *The Olympians.* Dalas: The Dallas Institute of Humanities and Culture, 1995.

DETIENNE, M. *Comparar o incomparável.* Trad. de Ivo Storniolo. São Paulo: Ideias e Letras, 2004.

DETIENNE, M. *Mestres da verdade na Grécia arcaica.* Trad. de Ivone Benedetti. São Paulo: Martins Fontes, 2013.

DETIENNE, M.; VERNANT, J.-P. *Métis: as astúcias da inteligência.* Trad. de Filomena Hirata. São Paulo: Odysseus, 2008.

DIEL, P. *O simbolismo na mitologia grega.* São Paulo: Attar, 1991.

DODDS, E.R. *Os gregos e o irracional.* Trad. de Paulo Domenech Oneto. São Paulo: Escuta, 2002.

DOWNING, C. Coming to Terms with Marriage: A Mythological Perspective. In: DOWNING, C. *Mirrors of the Self: Archetypal Imagens That Shape Your Life.* Los Angeles: Jeremy P. Tarcher, 1991.

ELIADE, M. *O sagrado e o profano.* São Paulo: Martins Fontes, 2001.

ELIADE, M. *Tratado de história das religiões.* Trad. de Fernando Tomaz e Natália Nunes. São Paulo: Martins Fontes, 2002.

ELIADE, M. *Mito e realidade*. Trad. de Pola Civelli. São Paulo: Perspectiva, 2004.

GIMBUTAS, M. *The Living Goddesses*. Berkeley: University of California Press, 2001.

HARTOG, F. A fábrica da história: do acontecimento à escrita da História – As primeiras escolhas gregas. Trad. de Fábio Vergara Cerqueira. *História em Revista*, Pelotas, v. 6, p. 7-19, dez./2000 [Artigo publicado em *Les Cahiers de la Ville Gillet*, 9, p. 33-43, ago./1999].

HEIDEGGER, M. *Heráclito: a origem do pensamento ocidental; lógica: a doutrina heraclítica do* logos. Trad. de Marcia Sá Cavalcante Schuback. Rio de Janeiro: Relume Dumará, 1998.

HEIDEGGER, M. De uma conversa sobre a linguagem entre um japonês e um pensador. *A caminho da linguagem*. Trad. de Marcia Sá Cavalcante Schuback. Petrópolis: Vozes, 2012.

HEINE, H. *Os deuses no exílio*. Seleção e org. de Márcio Suzuki e Marta Kawano. Trad. de Hildegard Herbold. São Paulo: Iluminuras, 2009.

HERÁCLITO. Fragmentos. *Os pré-socráticos*. Seleção e supervisão de José Cavalcante de Souza. São Paulo: Nova Cultural, 2000.

HESÍODO. *Teogonia: a origem dos deuses*. Estudo e tradução de Jaa Torrano. São Paulo: Iluminuras, 2007.

HILLMAN, J. *O mito da análise: três ensaios de psicologia arquetípica*. Trad. de Norma Telles. Rio de Janeiro: Paz e Terra: 1984.

HILLMAN, J. *A Blue Fire: selected writings by James Hillman*. Intr. e edição de Thomas Moore. Nova York: HarperPerennial, 1989.

HILLMAN, J. *Anima: anatomia de uma noção personificada*. Trad. de Lucia Rosenberg e Gustavo Barcellos. São Paulo: Cultrix, 1990.

HILLMAN, J. (org.). *Encarando os deuses*. Trad. de Cláudio Giordano. São Paulo: Cultrix, 1992.

HILLMAN, J. Marriage, Intimacy, Freedom. *Spring: a Journal of Archetype and Culture 60*. Woodstock: Spring Journal, 1996.

HILLMAN, J. *Uniform Edition of the Writings of James Hillman, Mythic Figures*. Vol. 6. Putnam: Spring, 2007.

HILLMAN, J. *O pensamento do coração e a alma do mundo*. Trad. de Gustavo Barcellos. Campinas: Verus, 2010.

HILLMAN, J. *Psicologia alquímica*. Trad. de Gustavo Barcellos. Petrópolis: Vozes, 2011.

HILLMAN, J. *O sonho e o mundo das trevas*. Trad. de Gustavo Barcellos. Petrópolis: Vozes, 2013.

HILLMAN, J. Psychology: Monotheistic or Polytheistic. *Uniform Edition of the Writings of James Hillman, Archetypal Psychology*. Vol. 1. 4. ed. rev. e ampl. Putnam: Spring, 2013.

HILLMAN, J. *Uniform Edition of the Writings of James Hillman, Philosophical Intimations*. Vol. 8. Putnam: Spring, 2016.

HOMERO. *Ilíada*. Trad. posfácio e notas de Trajano Vieira. São Paulo: Ed. 34, 2020.

JAEGER, W. *Paideia: a formação do homem grego*. Trad. de Artur Parreira. São Paulo: Martins Fontes, 1994.

JUNG, C.G. *The Collected Works of C.G. Jung*. Traduzidos para o inglês por R.F.C. Hull. Editados por H. Read, M. Fordham, G. Adler e Wm. McGuire. Princeton: Princeton University Press [Bollingen Series XX] [Referidos pela abreviatura *CW* seguida do número do parágrafo].

JUNG, C.G. *Obra Completa*. 18 vol. Petrópolis: Vozes, 2011 [Referidos pela abreviatura *OC*].

JUNG, C.G. Psychological Factors Determining Human Behavior. *The Collected Works of C.G. Jung*. Vol. 8, Traduzido para o inglês por R.F.C. Hull. Editado por H. Read, M. Fordham, G. Adler e Wm. McGuire. Princeton: Princeton University Press [Bollingen Series XX].

KERÉNYI, K. *Eleusis: Archetypal Image of Mother and Daughter*. Trad. de Ralph Manheim. Nova York, 1967 [Bollingen Series LXV-4].

KERÉNYI, K. *Zeus and Hera: Archetypal Image of Father, Husband, and Wife*. Princeton: Princeton University Press, 1975 [Bollingen Series, LXV-5].

KERÉNYI, K. *Athene: Virgin and Mother in Greek Religion*. Conn.: Spring Publications, 2008.

KERÉNYI, K. *Arquétipos da religião grega*. Trad. de Milton Camargo Motta. Petrópolis: Vozes, 2015.

KERÉNYI, K. *A mitologia dos gregos – Vol. I: A história dos deuses e dos homens*. Trad. de Octavio Mendes Cajado. Petrópolis: Vozes, 2015.

KERÉNYI, K. *A mitologia dos gregos – Vol II: A história dos heróis*. Livro um, cap. X: Édipo. Trad. de Octavio Mendes Cajado. Petrópolis: Vozes, 2015.

KERÉNYI, K. *Pesquisa humanista da alma*. Trad. de Markus Hediger. Petrópolis: Vozes, 2019.

LEMINSKI, P. *Ensaios e anseios crípticos*. 2. ed. ampl. Campinas: Unicamp, 2012.

LIDDELL, H.G.; SCOTT, R. *A Greek-English Lexicon*. Oxford: Clarendon, 1996.

LÓPEZ-PEDRAZA, R. *Ártemis e Hipólito: mito e tragédia*. Trad. de Roberto Cirani. Petrópolis: Vozes, 2012.

MARCOLONGO, A. *La lengua de los dioses*. Bogotá: Penguin Random House, 2018.

MARQUES, H. (org.). *Os gregos*. Belo Horizonte: Autentica/PUC Minas Gerais, 2002.

MILLER, D. Fairy Tale or Myth? *Spring 1976 – An Annual of Archetypal Psychology and Jungian Thought*. Nova York: Spring, 1976.

NASIO, J.-D. *Édipo: o complexo do qual nenhuma criança escapa*. Trad. de André Telles. Rio de Janeiro: Zahar, 2007.

NEUMANN, E. On the Moon and Matriarchal Consciousness. In: BERRY, P. (ed.). *Fathers and Mothers*. 2. ed. rev. e ampl. Dallas, Spring, 1991.

NIETZSCHE, F. *O nascimento da tragédia*. Trad. de J. Guinsburg. São Paulo: Companhia das Letras, 2007.

NIETZSCHE, F. *A filosofia na era trágica dos gregos.* Trad. e apres. de Gabriel Valladão Silva. Porto Alegre: L&PM, 2017.

ONIANS, R.B. *The Origins of European Thought.* Cambridge: Cambridge University Press, 2000.

OTTO, W. *Os deuses da Grécia.* Trad. de Ordep Serra. São Paulo: Odysseus, 2005.

OTTO, W. *Teofania: o espírito da religião dos gregos antigos.* Trad. de Ordep Serra. São Paulo: Odysseus, 2006.

OVÍDIO. *Metamorfoses.* Trad., intr.e notas de Domingos Lucas Dias. São Paulo: Ed. 34, 2017.

PARIS, G. If You Invite the Gods to Your Marriage. *Spring 60 – A Journal of Archetype and Culture.* Woodstock: Spring, 1996.

PARIS, G. How is Psychology a Mythology? In: SLATTERY, D.; SLATER, G. *Varieties of Mythic Experience: essays on religion, psyche and culture.* Einsiedeln: Daimon, 2008.

PAZ, O. *A dupla chama.* Trad. de Wladir Dupont. São Paulo: Siciliano, 1994.

PLOTINO. *Tratados das Enéadas*. Trad., apres., notas e ensaio final de Américo Sommerman. São Paulo: Polar, 2002.

PRANDI, R. *Mitologia dos Orixás*. São Paulo: Companhia das Letras, 2001.

RIBEIRO JR., W.A. (ed. e org.). *Hinos homéricos*. Trad., notas e estudo de Edvanda Bonavina da Rosa et al. São Paulo: Unesp, 2010.

RISÉRIO, A. *Oriki Orixá*. São Paulo: Perspectiva, 1996.

ROHDE, E. *Psique: la idea del alma y la inmortalidad entre los griegos*. México: FCE, 2006.

ROSSI, S. *The Kore Goddess: a mythology and psychology*. CA: Winter Press, 2021.

RUTHVEN, K.K. *O mito*. Trad. de Esther Eva Horivitz de BeerMann. São Paulo: Perspectiva, 1997.

SARDELLO, R. The Landscape of Virginity. In: STROUD, J.; THOMAS, G. (eds.). *Images of the Untouched: Virginity in Psyche, Myth and Community*. Dalas: Spring, 1982 [The Pegasus Foundation, Series I].

SARDELLO, R. *No mundo com alma: repensando a vida moderna*. Trad. de Pedro Maia Soares. São Paulo: Ágora, 1997.

SEGATO, R.L. *Santos e daimones: o politeísmo afro-brasileiro e a tradição arquetipal*. Brasília: UnB, 2005.

SERRA, O. *Hinos órficos: perfumes*. Trad., intr., comentário e notas de Ordep Serra. São Paulo: Odysseus Editora, 2015.

SERRA, O. *Cantando Afrodite – Quatro poemas helenos: Canção de Demódoco, Hino homérico V, Hino homérico VI, Hino homérico X*. Trad., notas e ensaio hermenêutico de Ordep Serra. São Paulo: Odysseus, 2017.

SERRA, O. *Louvor dos Orixás: cantos crioulos*. São Paulo: Odysseus, 2018.

SISSA, G.; DETIENNE, M. *Os deuses gregos*. São Paulo: Companhia das Letras, 1990.

SLATTERY, D.; SLATER, G. *Varieties of Mythic Experience: essays on religion, psyche and culture*. Einsiedeln: Daimon, 2008.

SLATTERY, D.; SLATER, G. *Bridge Work: essays on mythology, literature and psychology*. Carpinteria: Mandorla Books, 2015.

SOUZA, J.C. *Os pré-socráticos: fragmentos, doxografia e comentários*. Seleção de textos e supervisão de José Cavalcanti de Souza. São Paulo: Nova Cultural, 2000.

STEIN, M. *Myth and Psychology*. Chiron Publications, 2020 [Collected Writings, vol. II].

STEIN, R. *Love, Sex and Marriage*. Spring Journal Books, 2001 [Collected Essays].

THOMAS, R. *Letramento e oralidade na Grécia antiga*. Trad. de de Raul Fizer. São Paulo: Odysseus, 2005.

TORRANO, J. *O sentido de Zeus: o mito do mundo e o modo mítico de ser no mundo*. São Paulo: Iluminuras, 1996.

TORRANO, J. *Mito e imagens míticas*. São Paulo: Córrego, 2019.

VERNANT, J.-P. *A morte nos olhos – Figurações do Outro na Grécia antiga: Ártemis, Gorgó*. Trad. de Clóvis Marques. Rio de Janeiro: Zahar, 1988.

VERNANT, J.-P. *Mito e pensamento entre os gregos*. Rio de Janeiro: Paz e Terra, 1990.

VERNANT, J.-P. *Mito e religião na Grécia antiga*. Trad. de Joana Angélica D'Avila Melo. São Paulo: WMF Martins Fontes, 2006.

VERNANT, J.-P.; VIDAL-NAQUET, P. *Mito e tragédia na Grécia antiga*. São Paulo: Perspectiva, 2008.

Leia também!

Conecte-se conosco:

 facebook.com/editoravozes

 @editoravozes

 @editora_vozes

 youtube.com/editoravozes

 +55 24 2233-9033

www.vozes.com.br

Conheça nossas lojas:

www.livrariavozes.com.br

Belo Horizonte – Brasília – Campinas – Cuiabá – Curitiba
Fortaleza – Juiz de Fora – Petrópolis – Recife – São Paulo

  Vozes de Bolso

EDITORA VOZES LTDA.
Rua Frei Luís, 100 – Centro – Cep 25689-900 – Petrópolis, RJ
Tel.: (24) 2233-9000 – E-mail: vendas@vozes.com.br